ふるさと写真館

昭和残像
人々と暮らし

本社保存
フィルムから

デーリー東北新聞社

懐かしい
あの頃、あの場所

昭和20〜40年代
駆け足で変化した社会や価値観
モノクロームの写真が呼び覚ます
薄れゆく在りし日の記憶

＊本書は「デーリー東北」の連載企画「ふるさと写真館　過ぎ去りし日々の記憶」（2007年4月〜08年2月、全48回、林剛史編集・執筆）を再構成して書籍化したものです。

＊文中に人権擁護の見地から不適切と思われる字句等がありますが、当時の時代背景に照らして一部を改めるにとどめました。

＊「本紙より」は掲載当時の表記を原則としました。

目次

I 社会・交通

ごみ

選挙

昼休み

ウミネコ

基地の町 八戸

飲食・喫茶

密造酒

宝くじ

はかる

ガンガラ部隊

路線バス

クルマ

オート三輪

ごみ

衛生観念はいまひとつ

昭和29（1954）年7月／八戸市
ごみ捨て場と化した橋の下にたたずむ少年。捨てに来たものか、何か
拾い集める目的でやって来たものかは判然としないが、夏場だけに不衛
生さが際立つ

昭和33（1958）年1月／八戸市
市営のごみ焼却場は吹上にあったが、戦前からの施設とあって
老朽化が激しく、やがて閉鎖されることとなった

■ ごみ二題

　ごみ屋敷というのがあるらしい。テレビのワイドショーで見ただけのことだから詳しいことは知らないのだが、敷地内はまさにごみの山。そればかりか部屋の中まで埋め尽くす光景はやはり異様であった。

　広大な所有地であればさして問題にもなるまいが、住宅街の一角となれば話は別。うずたかく積み上げられたごみの山は強風にあおられて飛散することもあるから、環境衛生面を含めて付近住民から苦情が続出するのも無理からぬところだ。

　なぜそうまでしてごみ（当人はそう思っていないらしい）を運び込むのか。資源ごみなら有効に活用すればいいと思うの

だが、どうやらそうでもないらしく、ため込むだけというのだから理解に苦しむ。撤去となれば費用もかかるが、個人の敷地内のことについては行政も手を出しかねるのが現実ともいう。

　テレビといえば、いつぞや発展途上国のスラム街の人たちがごみ捨て場に群がり、拾ったものを再利用して売るしか生計のすべがない現状を追っていたことがあった。

　ごみをあさる、そんな光景は戦後の一時期、日本でも見られ、八戸では高館に基地を構えた米軍のごみ捨て場に子どもから大人まで多くの人が集ったこともある。

　平和で豊かな時代のごみと、世情定まらぬ混乱期のごみ。そのどちらも世相を映してやまない。

昭和29（1954）年3月／八戸市
吹上にあった市のごみ捨て場。住宅と隣接する光景は痛々しく、
満載したごみをトラックから下ろす作業員のそばには子どもの姿も
見える

昭和31（1956）年5月／八戸市
当時としては最新鋭の清掃車。古くなった市営バスを改造した
ものだが、従来の荷馬車と比べて機動力がアップ。モスグリー
ンの車体が目を引いた

簡易焼却場設置か

　八戸市民の苦情処理機関の一つでもある市民課窓口には多くの陳情、苦情が申し述べられているが、一般家庭や婦人層からの苦情で一番多いのは都市をよごす〝ゴミ〟の問題で、「早く何とかして下さい」との嘆願がつづいている。

　山積する〝ゴミ〟に対して市清掃係りでは清掃人夫を動員、懸命の運搬作業を実施はしているものの吐き出される〝ゴミ〟の量に対して焼却能力がとても追いつかず、勢い市街には〝ゴミ〟の旋風がまきおこるわけ。

　市ではゴミ焼却施設の増設を急いでいるが、本格的な施設を建設するには三千万円も経費を要し、現在の市財政では支出するなど及びもつかず、したがって暫定的な焼却場の施設を計画、敷地を物色中である。

＊昭和29（1954）年7月3日付

選挙

民主政治に女性も参画

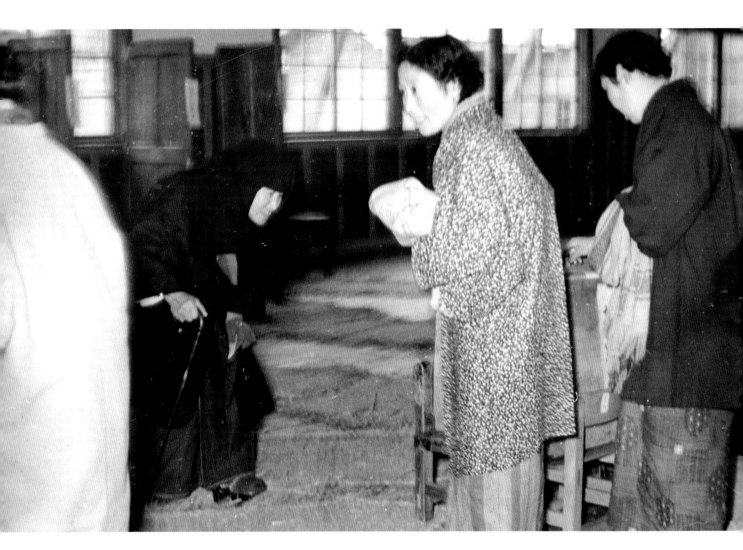

昭和28（1953）年12月／八戸市
八戸市長ならびに八戸市議補欠選挙の投票風景。本紙掲載時の
写真説明に「お婆さん交っての婦人有権者の投票風景」とある。
床に敷かれているのは泥よけのむしろ

昭和 29（1954）年 10 月／八戸市
不在者投票の記載所を訪れ、青森県知事選の一票を投じる
漁船員。当時は不在者投票の第1号ともなれば、実名入りで
報道することが多かった

▎参政権

　女性が参政権を獲得し、初めて立候補と投票の道が開かれたのは昭和 21（1946）年 4 月の 10 日。GHQ（連合国軍最高司令官総司令部）の推し進める民主化の流れを受けた戦後初の総選挙でのことだった。

　この選挙では 83 人の女性が名乗りを上げて 39 人が当選。女性有権者の 67％が一票を投じた。ちなみに青森県の定数は全県1区の 7 人。立候補者は女性 1 人を含む 38 人に上り、女性の投票率は 63．9％だった。

　食べるのが先決という復興途上の選挙だったが、前年末創刊の本紙は女性の政治参画についてのさまざまな記事を掲載。今では考えられぬ事例もあって興味は尽きない。

　たとえば聴取者を女性のみに限った立会演説会。八戸婦人会の肝いりで実現したものだが、会場の八戸国民学校（八戸小学校）の講堂は女性たちで埋め尽くされ、やじも飛ぶほどの盛況ぶりだった。

　また、ある町内会では女性有権者が集まり、歴史上の人物などを候補者に見立てて模擬投票を実施、その日に備えるという試みもあった。かと思えば「今次の総選挙を私達の新しい出発として政治的知識の目覚めの一助としたい」といった女性の投稿意見も見られる。

　何もかもが不便だった時代。孫の引くリヤカーに乗って投票場に足を運ぶおばあさんの姿もあった。そのコメントがいい。「座ってばかりいても時代におくれてナス」

昭和 30（1955）年5月／八戸市
八戸市議選の開票状況を伝える本社速報板に見入る人たち。当時は
翌日開票。選管の発表ごとに票数を書き入れていた。速報板は三日
町角の岩手殖産銀行八戸支店の脇にあった

昭和26（1951）年4月／八戸市
板塀にベタベタと貼られた八戸市議選候補者のポスター。
このような光景は各所で見られた。ポスターの公営化（共
同掲示制）が導入されるのは昭和50年代に入ってから

本紙より

果し終へた一票

　民主国家再建の重大な意義をもつ今次総選挙は十日午前七時から午後六時まで
八戸市に於ては風強けれど幸に好天に恵まれ、暖かな春の日射しを受けて午前七
時のサイレンの音を聞くと共に老若男女の有権者が陸続として投票場に詰めかけ、
市内十箇所の各投票場では入口に延々長蛇の列をなして立ち並び、今までの男ば
かりの投票と違って色とりどりの色彩で眩（まば）ゆいばかりであった。
　しかし眉間に緊張の色を漲（みなぎ）らした男女の新有権者が、未知の世界で
はあるが自分の清き一票が民主的日本再建の礎となると老人連を尻目に真先に投
票場に詰めかけているのも今次総選挙の特異な風景であった。

＊昭和21（1946）年4月12日付

昼休み つかの間の自由な時間

昭和 28（1953）年2月／八戸市
昼休みのひとときはおしゃべりが何より。ファッション誌を眺めながら、
最新の情報を仕入れることに余念がない丸美屋デパートの女性
店員

昭和25（1950）年4月／八戸市
市役所前のロータリーにある噴水を眺めながら、つかの間の昼休みを
過ごす人たち。ロータリーは緑と水の空間としてこの月に面目を一新す
るが、まだ小便小僧の姿はない

▌昼飯の悩み

　お昼になると、さて、きょうは何を食べようかと思う。腹のす
き具合にもよるけれど、これが案外困りもの。定食にするか、ラー
メンで済ますか。いや、ざるそばにしよう、などとあれこれ悩ん
でしまうことが多い。

　朝食と夕食の間に位置する昼食。昼飯でも中飯でも中食
でも同じことだが、家族とのつながりの中で食べる朝夕の食事
に対し、昼食だけはその枠組みから外れて個人の食事と化
す。人と和して食べることにこだわるヨーロッパ人は昼食に重き
を置くそうだが、日本では午後の仕事を乗り切るためのエネ
ルギー補給として、取りあえず食べておく、といった感が強い。

　酒井伸雄著『日本人のひるめし』によると、一日3食が一

般化するのは江戸時代になってから。それまでは原則として2
食だったそうだ。ただし、間食は食事の回数に入れなかった
というから、職業などによっても違った。

　その江戸期には弁当が広く普及し、茶屋と屋台が外食産
業の発達を促す。とりわけ屋台のすしや天ぷらは人気を呼ん
だという。明治期には今や定番のカレーが登場、戦後になる
と、給食が加わるなどして、より多彩なものになっていく。

　しかし、食うや食わずの状態から充足の時代、さらには過
剰・飽食の現代へと劇的な変化を見せる戦後の食生活に
あって、個人的な昼食は気ままなるが故に、意外と保守的な
一面を残す。

昭和 29（1954）年7月／八戸市
バレーボールを楽しむ八戸税務署の女性職員。ボール一つさえ
あれば複数の人が楽しめるバレーボールは、お昼時の手軽なレク
リエーションとして人気があった

昭和27（1952）年8月／八戸市
官公庁に近い三八城公園は昼休みに憩う格好の場所。
とりわけ夏場は緑陰を求めて涼む人の姿が見られた。
写真は北奥羽開発協議会の女性職員

本紙より　バレーボール大流行

　最近、八戸港でバレーボールが大流行。昼休みともなれば八戸市鮫町日ノ出町の路上はバレーボールに興ずる人たちでいっぱい。

　男子作業員と女子作業員が仲よく輪をつくり、ボールを中心にバレーの楽しさを満喫しているが、おかげで男子と女子作業員の融和ができ、仕事の上でも能率があがるとのこと。

　年寄りたちも〝メラシと若いもんが一緒にゴムマリ遊びをするとは、浜もヒラけたもんだ〟と感心していた。

＊昭和34（1959）年6月8日付

ウミネコ

生存の危機乗り越えて

昭和34（1959）年5月／八戸市
射殺されたウミネコ。田植え直後の水田を荒らす害鳥として農林省が
射殺を許可。当時は農民の生活優先か天然記念物の保護かで全
国的にも議論を巻き起こした

受難の歴史

ウミネコの繁殖地として知られる八戸市の蕪島が国の天然記念物に指定されたのは大正11（1922）年3月。その3年前に制定された史跡名勝天然記念物保存法の適用を受けてのことだったが、これまでを振り返ってみるとき、その法の趣旨に反して何度か生存の危機に見舞われたことがあった。

戦前における最大の受難は、それまで沖に浮かぶ小島だった蕪島が陸続きになったこと。太平洋戦争下、海軍の軍用基地建設のために埋め立てられたことで、野良猫をはじめとする天敵の侵入を許すこととなった。また防空壕（ごう）が掘られるなどしたため、ウミネコの着島が危ぶまれることもあったという。

戦後の食糧難のころは卵を失敬する者が相当数いたよう

だが、昭和30年代に入ると、戦前からの延長であった社会全体が一変。33（1958）年6月には映画のロケが行われた蕪島に約3万人の観衆が押し寄せ、卵やかえったばかりのひな約1万羽が圧死するという惨事が起こった。

翌34（1959）年5月にはウミネコ騒動が発生。水田の苗を踏み荒らすウミネコにたまりかねた農民が射殺を申請したところ、農林省が条件付きで許可。是とするもの、否とするもの、両者の対立は3年ほど続いた。

海洋汚染や自然災害などまだほかにもあるが、要因のほとんどは人間の側の手によるもの。こうした事実すら忘れ去られようとしている。

昭和35（1960）年5月／八戸市
西ドイツの国立鳥類観察所の要請を受け、研究用の卵を箱に収めるウミネコ研究家の福田進さん（左）ら。12個の卵は三沢空港から羽田を経て空輸された。蕪島にて

昭和32（1957）年5月／八戸市
ウミネコの生存を脅かすダニを退治するため、DDTなどの薬剤を
散布する研究者や監視員。岩陰に潜むダニはウミネコが卵を産
み始めるころ、はい出して活動する。蕪島にて

昭和31（1956）年6月／八戸市
ウミネコの移動経路を調査するため、ひな鳥にアルミ製の標識
リングを付ける関係者。この年300羽、前年には約150羽
に取り付けられた。蕪島にて

本紙より

ことしも捕獲申請

　毎年春とともに八戸市蕪島にくる天然記念物ウミネコは、ことしももう約五千羽がやってきたが〝ウミネコは苗代育成田や植え付け直後のタンボを荒らす有害鳥類である〟として去年五月、農林省から八十羽の捕獲許可を受け、期間中三十六羽を射殺した八戸猟友会は、ことしも下長農協など五つの農業団体からの依頼で農林大臣あて「五月二十日から六月二十日まで八戸市内の下長地区、上長地区、館地区、類家地区および福地村一円の苗代で田を荒らすウミネコのうち一千五百羽の捕獲を猟友会二十七人に許可してほしい」と二十四日、八戸林務出張所を通じて申請書を提出した。

＊昭和35（1960）年3月25日付

基地の町 八戸

昭和 28（1953）年2月／八戸市
櫛引橋の橋桁にめり込んだ米軍の中型戦車。橋が老朽化
していたため、その重量に耐えかねて落ちたものだが、バス
やトラックなどの通行に多大な影響を与えた

昭和 27（1952）年 11 月／八戸市
戦後、英語のできる人は重宝がられた。八戸市役所の総務課に籍を
置く須藤妙子さんもその一人。米軍基地関係者の来訪も多く、渉外課
員のような忙しさだった

▌米国の存在

　子どものころ、街を走り回っていて進駐軍の米兵とぶつかっ
てしまったことがある。前を行く数人連れの米兵が急に立ち止
まったために避けることができず、一人の兵士の後ろにしがみ
つくような格好になってしまった。顔面を打ち付けたが、目の
前にあったのは、とてつもなく大きなお尻。振り仰ぐと赤ら顔の
大男が不審そうな表情を見せたが、とんがった鼻の高さにもま
た度肝を抜かれたことを覚えている。

　豊かな国の大男たちは一様に血色が良く、服装もあか抜
けていてスマートだった。血色の良さは食べ物が潤沢である
ことを意味し、陽気な彼らがガムやチョコレートを差し出すに
及んで、子どもたちはその気前の良さに目を見張ることもしばし

ば。そんな国を相手にしても到底勝てるはずがないのに、どう
して戦ったのかと思ったりもした。

　次々に封切られる外国映画や、30 年代のテレビに見ら
れたアメリカのホームドラマもイメージの形成にあずかって力
があった。中でも中流家庭を舞台に、何でも知っているパパ
や、世界一すてきなママが登場するドラマは新鮮で人気があ
り、そこにはたとえ悪いことをしてもがみがみ叱る親はなく、目の
前に座らせじっくり教え諭す優しさがあった。

　それやこれやで、アメリカにはぐうたらな父親や、だらしのな
い母親は存在しない―。そう信じ込んでいたと告白する当時
の子どもたちは少なくない。

昭和27（1952）年4月／八戸市
対日講和条約発効の日（28日）、高館基地で行われた記念式典。
「キャンプホーゲン」と呼ばれた同基地に日章旗が掲げられ、日
米双方の関係者が新生日本の前途を祝った

昭和30（1955）年3月／八戸市
米軍軍楽隊の市中行進。カーキ色の外とうに金モールの肩飾りも
鮮やかな大男たちはこの後、八戸小学校の校庭で演奏会を開催。
詰め掛けた約3千人の市民がその音色に酔いしれた

進駐軍の大行進

　　アメリカ進駐軍が本県に進駐して以来、最初の市内大行進が十五日、八戸市で行われる。当日午前九時、新荒町市営バス車庫付近から進発した部隊は、沿道の同市内小学校児童ら約二万が米日両国旗を双手にかざすなかを勇壮なる軍楽隊を先頭に堂々と行進を起し、荒町から三日町の大通りを東進、停車場通りに左折して八戸商業高等学校校庭に集結する。

　　この大行進は第五一一落下傘れん隊長コンドン大佐が進駐以来、親しみ深かった八戸市を去るに臨み、最後のお別れの行進であり、特に歓送式場であいさつがあるから、一般地方民多数参列することは米日両国民の理解と親密を深める上に大いに意義があろう。

＊昭和24（1949）年2月13日付

昭和30（1955）年3月／八戸市
横文字の看板も目立つ水目沢の大通り。土地の人は「ミズメジャ」と
呼ぶが、正式な字名は桔梗野。米兵相手の歓楽街として、高館基
地にへばりつくように形成された

昭和 29（1954）年9月／八戸市
暮れなずむ水目沢の街角で米兵をキャッチする女性たち。
彼女たちは全国各地からこの地に流れ込み、当時の本紙に
よればその数約 400 人に上った

▌占領時代

　占領軍が進駐してくれば、ただでは済まない。「戸締まりを
しっかりせよ」「婦女子は表に出るな」「残虐行為が行われ
るに違いない」―。敗戦と決まった直後、そう考えた人たち
は少なくなかった。さまざまなデマも乱れ飛んだようだが、実
際にやって来た彼ら米兵は概して明るく、紳士的でさっそうと
していた。

　占領統治の実権を握るGHQ（連合国軍最高司令官総
司令部）は「青い目の大君」と呼ばれた最高司令官マッカー
サー元帥の名の下に、日本の非軍事化と民主化につながる
一連の政策を矢継ぎ早に断行。多くの国民も時を経ずしてき
のうまでの価値観が変わっていくのを目の当たりにしていく。

　自由で何でもものが言える時代の到来。国民はその権利も
獲得したはずであったが、占領政策に不利な情報や米兵が
絡んだ事件などについてはGHQによる厳しい統制の目が光っ
た。このため、表沙汰になることなく終わった犯罪の実態は
分からず、被害者も泣き寝入りするしかなかった。

　八戸を含めた米軍基地と、それを取り巻く諸問題が正面
から語られるようになるのは、サンフランシスコ講和条約およ
び日米安保条約の発効した昭和 27（1952）年4月28日
以降のこと。これにより占領状態は終結、晴れて独立を回復
することとなったが、進駐軍は在日米軍と名を変えて今日に至
る。

昭和29（1954）年9月／八戸市
三日町の街頭にたむろする女性たち。水目沢歓楽街への米兵立ち入り
禁止令に伴い、生活の糧を失った彼女たちは大挙して市の中心街に
出没。「第二の水目沢」と化した

昭和 29（1954）年8月／八戸市
高館基地の駐留軍との間に生じる問題の解決を図るために
設けられた日米連絡協議会。日本側からは八戸市長、米
軍側からは司令官らが出席して定期的に開かれた

本紙より

復興を急ぐ水目沢

　八戸のカスバといわれる三戸郡市川村水目沢の特殊街が焼けて一カ月、漸く劇場を中心にまた例のパンハウスが建ちはじめた。

　再建には二度とこんな燃える街ではなく、道路を広くして、せめてハイヤーをハウスの玄関まで乗り入れ出来るものにしようと、業者が小都市計画案を練って慎重を期している。

　ぽっかり見通しのきく焼け跡から基地を望むと、美しい兵舎がみえる。そのひとつひとつの煙突の吐くけむりが、冬にしては暖かすぎるなまぬるい風になびいては消えているが、その風はまた物干竿にかけてある真赤な寝巻やシュミーズなどの洗濯物を同じ方向へ流しているのも印象的だ。

＊昭和 28（1953）年 12 月 23 日付

飲食・喫茶

心安らぐ街のオアシス

昭和31（1956）年4月／八戸市
コーヒーの匂いと音楽が織り成す喫茶（店）文化は戦後一気に
花開く。長横町の連鎖街にあった「セブン」は純喫茶の草分け
的存在。1杯50円の時代だった

▌喫茶店事始め

　喫茶店とは何か、と問われて、コーヒーや紅茶を出す店というだけでは説明不足。むろん利用目的は人さまざまだが、ゆとりや憩いの〝場〟として成り立ってきたという側面も見逃せない。

　そんな喫茶店が八戸で最初にお目見えしたのは昭和5（1930）年暮れのこと。場所は十三日町の東角で、店名を「ボナミ」といった。経営者は旧制八戸中学校から中央大学に学び、帰八後は地方文化運動のリーダー的存在となった林長三郎で、弟の重治も店を支えた。

　「ボナミ」の名付け親は長三郎と親交のあったシナリオライターの北村小松。ボナミとはフランス語で「良き友」という意味だが、東京で盛名をはせていた「モナミ」（わが友）にちなんで付けたものという。

　折しも国内経済は銀行閉鎖が各地で相次ぐという不況の真っただ中にあったが、10坪足らずの店内にあふれていたのは暗い世相と一線を画す自由闊達（かったつ）な気風。かくして「ボナミ」はコーヒーの香気に吸い寄せられるように、あすを夢見る芸術家たちのたまり場となっていく。

　1杯15銭のコーヒーを楽しみながらの談論風発。そこから劇団「市民座」が生まれ、歌劇「ファウスト」を上演することになったのも、長三郎の人柄を慕う多彩な顔触れが集っていたからにほかならない。

　戦前、サロン的雰囲気に包まれた、そんな喫茶店があった。

昭和41（1966）年5月／八戸市
三日町にあった「味の名店街」は各種個性的な店をそろえて40（1965）年7月にオープン。翌年11月には、いわとくビルの竣工（しゅんこう）に伴い、六日町への通り抜けが可能となった

昭和31（1956）年4月／八戸市
若者はいつだって新しもの好きの傾向がある。30年代に入ると、
お好み焼きという、それまでにないスタイルの店も登場。本紙は「大
人のママゴト」との見出しを掲げて、その最前線をルポした

昭和42（1967）年5月／八戸市
歌声喫茶は30年代から40年代にかけて一定の支持を集めた。
カラオケなどない時代、歌詞カードを手にみんなで声をそろえた。
ロー丁（鷹匠小路）にあった喫茶「アルネ」にて

本紙より

暗すぎませんか

　照明の明るさ十ルクス以下で営業する飲食、喫茶店はすべて風俗営業とみなすという風俗営業取締法改正案がこのほど成立した。東京など大都市に多い深夜喫茶があまりにも暗いところから、みかねた当局側がこれらを風俗営業にくり入れて取締ろうという意図で改正されたものである。

　八戸市内の喫茶店をみても、一歩足を店内にふみ入れたとたん、あまりの暗さにビックリするときがある。この傾向は大きな喫茶店より小さな、あまり人目につかないようなところにある店の方により多く見受けられる。暗がりを売りものにしていた業者にとって、こんどの十ルクス規程はかなり痛いらしいが、精神衛生という面からは好ましいことである。

＊昭和34（1959）年2月19日付

密造酒

法の網をかいくぐって

昭和 32（1957）年 10 月／八戸市
密造酒防止強調旬間に合わせて繰り出した宣伝カー。山間地帯が
密造の温床となっていたことから、郡部を中心に趣旨の徹底に努め
た。八戸税務署前にて

昭和37（1962）年9月／八戸市
どぶろくの追放を呼び掛けるポスター。密造酒は田植えや旧正月と
並んで稲の収穫期に多く造られたことから、税務当局も秋に狙いを
定めてPR活動の強化を図った

■ オホ

　八戸地方で「オホ」とか「オッホ」といえばフクロウのこと
を指す。鳴き声が「ゴロスケホッホー」と聞こえることからきた
方言名だが、酒飲みの年配者にとっては別の意味を帯び、
思わず目尻の下がる呼び名へと変化する。というのも、どぶろ
くのこととあっては無理もない。

　日中は森の中の巣穴に潜み、夜になると活動を開始する
野生の鳥と、明るい所でおおっぴらに酌み交わすことができな
い密造酒。そのどちらも、お天道様の下を避けることで共通す
る。

　津軽では濁の字を当て「ダグ」というから直截（ちょくせつ）
的だが、「ドブ」「ドンベ」など、こっそりと造られてきたその
異称は地域によってさまざま。色合いにちなんで「白馬」「白露」

「白ウサギ」などと呼ぶ地方もあるし、岩手では土中に埋め
たカメの上にごみをかぶせて隠したことから「ゴンドカブリ」と
いったりもする。

　長山幹丸著『どぶろく物語』は秋田を中心とした農民の
哀歓を描くが、「稲の友」「ライスワン」「やぶの友」などといっ
た多彩なネーミングを収録。変わったところでは「スミマセン」
という俗称もあったと書き記している。密造行為に対して済み
ません、それに清酒のように澄んでいません、との意を重ねた
ものという。

　かつては東北地方で最も多い犯罪といわれた、どぶろくの
密造。貧しかったせいもあるが、そこにはしたたかな農民の
抵抗精神も流れていた。

昭和35（1960）年10月／八戸市
押収された密造酒。ひそかに造られるどぶろくの隠し場所は物置小屋、
馬屋、ブタ小屋、畑の中など実にさまざま。取り締まる側との知恵比べも
今はもう語り草となっている。八戸税務署管内にて

昭和 33（1958）年 10 月／八戸市
板塀に貼り出された密造防止の標語。違反すれば手厳しい
罰金が待ち受けていたが、長年にわたる弊風は一朝一夕に
改まることはなかった

あなたさえ飲まねば
絶える密造酒
密造酒一軒
あっても村の恥
密造酒のんだ
時代はすぎたはず

本紙より

ドブロク激増

　最近、農村の金詰りとヤミ米暴落が原因して、今年度に入ってから密造および所持犯が急激に増加の傾向を示してきた。

　即ち今年一月から六月まで半年間の八戸税務署管内で密造犯として摘発、検挙されたものは五十七件、十四石一斗二升、所持犯に問われたものが七十五件、三石一斗五升あり、これを前年度の摘発件数にくらべると密造犯が一・六倍、所持犯が五倍となっており、当局の懸命の取締りを尻目にますます増加の傾向にある。

　税務署では実際の密造、所持犯は恐らく摘発件数の数百倍に達するだろうとみており、これが酒税収入に大きく響いているので大恐慌を来している。

＊昭和 25（1950）年 7 月 10 日付

宝くじ

夢のまた夢　知りつつも

昭和27（1952）年12月／八戸市
宝くじに夢を託す庶民の願いは今も昔も変わらない。いてつく寒気も
何のその、路上の売り場に列をつくる光景は年末の風物詩となって
いく

昭和31（1956）年12月／八戸市
本紙の年末企画「師走の歌」に宝くじ売りとして登場した木村
耕三さん。当時42歳の木村さんは、その6年前から八日町角
の青森銀行支店前の歩道で「夢」を売り続けた

▌多空くじ

　最高賞金は1等の前後賞合わせて3億円。金額だけを
見れば確かにすごい。これだけの金があれば家を建て、海
外旅行に出掛け、のんびりと暮らしていけるし、個人的な借
金なら大抵のものは返済を済ますことができる。

　とはいえ、米俵の中にたった1粒交じっている麦を、目を
つむって1回でつまみ出すよりも難しいといわれるほどの低い確
率。1等はおろか末等に甘んじるのが多くの人の行き着く先
だが、抽せん日までの間は「当たったら」という思案の楽し
さに浸っていられることがせめてもの救いとなる。

　一獲千金、バラ色の夢。めったにしか当たらないことは分
かっているが、買わないことにはその夢を見ることができないの
も事実。そこでは「もし」という期待と無関係でいられぬ衝動

が頭をもたげて、つい財布のひもを緩めてしまう。加えて、気
ぜわしくなると何かにすがりたくなる師走の雰囲気が、これでも
かというほどの宣伝と相まって追い打ちをかける。

　かくして「あそこの売り場から出た」と聞けば、次も出るとは
限らないのにわざわざ出掛け、これまで買ったこともない人まで
が売り場に足を運ぶといった年末の光景が見られるようになっ
た。

　賞金の還元率は4割だから、地方公共団体ないしその連
合体である胴元は丸もうけ。宝くじが数多くの空くじによって成
り立っていることを思えば、やはり「多空くじ」とのそしりは故な
しとしない。

昭和41（1966）年12月／八戸市
「もしかしたら」という淡い期待が購入意欲をそそる宝くじ。丁寧に
番号を選ぶ人、無造作に束の中から抜き取る人など、買い求める
人の表情はさまざま

昭和44（1969）年12月／八戸市
経済の高度成長に伴い、43（1968）年からは1千万円宝くじが
登場、発売後数時間で売り切れる人気ぶりだった。売り場はボック
ス型に変わっている

本紙より

歳末らしい一景

　幾ら金があっても足りない歳末であれば、もたざる階層は債鬼に追いたてられ
なくとも目の色も変ろうというもの。そこでこの緩和剤？として宝くじの果す役
割は大きい。ことに矢つぎ早やに本県へ特賞が当っているとなれば、おぼれる者
でなくとも百円のワラをつかみたいところ。

　八戸市八日町角の宝くじ売場のおっさん、このところ短期二百万円くじ、つづ
く四百万円くじと息つくひまもない忙しさ。〝昨年も昼めしを食うひまがなかった
が、今年はほんとに昼ぬきで便所にもゆけないほどですよ〟と防寒具に身をつつ
んで大童（おおわらわ）。たとい何千万分の一の夢でも、どうせ夢なら大きい方が
いいという、ここにも歳末らしい、やぶれかぶれの一景がある。

　　　　　　　　　　　　　　　　　　　　　　＊昭和27（1952）年12月26日付

はかる

伝統的な単位 様変わり

昭和 29（1954）年 12 月／八戸市
水揚げされたばかりのタコを竿秤（さおばかり）で量る仲買人。
分銅を竿の上に滑らせて釣り合いを取る慣れた手つきが懐か
しい。種差海岸にて

▌尺度

　かつて「ひろ」という長さの単位があった。両手を左右に広げたときの指先から、もう一方の指先までの長さ。皆が皆一定であるとは限らないが、不思議とその人の身長に近い数値が得られる。

　正確さはともかく、日々の生活感覚から生まれた基準の一つ。はるかかなたの昔に生きる人たちにとって、身近な肉体に尺度を求めることは自然の成り行きだったのであろう。

　「ひろ」は、「ひとひろげ」「ふたひろげ」などと計測したことに由来するといわれ、漢字では「尋」の字を当てる。成人男子の場合はおよそ5尺から6尺（約1.5～1.8メートル）。時代や地域によっても違ったようだが、明治以降は6尺が目安となった。

　海や井戸の深さ、釣り糸とか縄の長さ、川幅なども「ひろ」で表したというから用途は広い。八戸地方ではなまって「ひとしろ」とか「ひとぴろ」と呼ばれることが多く、「ひとしろかたき」といえば、ひとひろとその半分、つまりひと尋半のことを意味する。

　尺もまた手のひらを広げて物を測る形に由来する漢字というから人間の体と無縁でないが、戦後の一時期までは曲尺（かねじゃく）や鯨尺が暮らしの中にしっかりと根付いていた。

　鯨尺といえば、縫い物をする母の姿を思い浮かべる人も多いことだろう。ネルの寝間着や木綿の浴衣を仕立てるとき、鯨尺はいつもその傍らにあった。

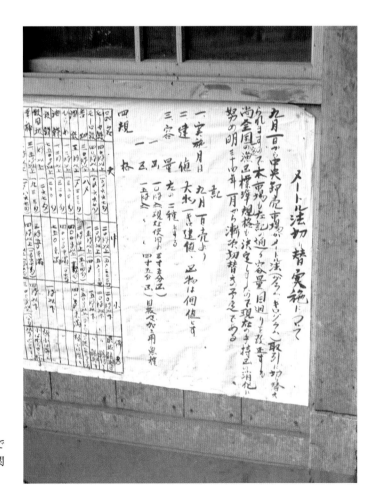

昭和33（1958）年9月／八戸市
メートル法への切り替えを知らせる魚市場の貼り紙。それまで慣れ親しんできた尺貫法が使えないとあって、現場で働く関係者の戸惑いは大きかった

昭和36（1961）年11月／福地村（現南部町）
重量のある物を量るために台秤（だいばかり）は欠かせない。
早場米の売り渡し風景だが、当時は分銅を使用。やがてバネ
を利用して針で重さを表示するようになっていく

昭和 29（1954）年5月／八戸市
硫安の叺（かます）入れ作業。スコップを手に計量した上で
出荷する肉体労働だが、女性作業員の表情は明るい。「硫
安乙女」として紙面を飾った。日東化学八戸工場にて

本紙より

メートル法に大騒ぎ

　八戸魚市場は昭和四年開設以来、長い習慣となっていた尺貫法を改め、一日か
らメートル法に切り替えた。ミナトの人たちにとっては昔から受けついできた尺
貫法の方がもちろん肌に合うものの、時世の流れには勝てず、涙をのんでメート
ル法施行に踏切ったもの。

　魚箱の規格単位がセンチメートル、水揚量がキログラム―。舌をかみそうな横
文字ずくめの取引方法に音をあげたのが年寄りのベテラン仲買人たち。十キログ
ラムを十貫と聞きちがえたり、メートル換算図表を持ちこみ首ッぴきで取引する
人たちが見られ、売る方、買う方いずれもマゴマゴ。〝メートル法なんてどこがヨ
イのかわからない。不便きわまりないものだ〟とコボすことシキリ。

＊昭和 33（1958）年9月2日付

ガンガラ部隊

重い荷を背に南へ北へ

昭和27（1952）年12月／八戸市
八戸線の陸奥湊駅は行商に糧を求める人たちにとっての本拠、ターミナルともいうべき存在だった。ガンガラ部隊とは魚を入れるブリキ製の箱にちなむが、その多くが女性であったことから「イサバのカッチャ」とも呼ばれた

昭和34（1959）年12月／八戸市
売る人と買い付ける人でごった返す陸奥湊駅周辺の朝は早い。
市営の魚菜小売市場が開設されるのは28（1953）年のことだ
が、そこからあふれた露店が道路にせり出し、「交通地獄」の汚
名を招いた

■ イサバ

　いつごろまでのことであったものか。魚の行商に携わる人た
ちが、ミナト八戸の活力を象徴する存在として語られていたの
は。主役は浜のおかみさんたち。運搬手段の発達した今日
では、行商という言葉ももはや死語に近いが、この地方で「イ
サバのカッチャ」と呼ばれた人たちである。

　ブリキ製の魚箱を背負っていたことから、別名ガンガラ部
隊。「五十集」と書いて「イサバ」と読ませるのは、それだ
け多くの海産物を扱うことにちなんでのことであろうが、語源に
ついては「磯辺」が「イサバ」に変化したとの説もあるから
はっきりしない。

　彼女たちのホームグラウンドは、戦後の混乱期に形成さ
れたマーケットを母体に発達した陸奥湊駅前通り。その数も
最盛期には2千人以上に膨れ上がったというから、市営の
魚菜小売市場と周辺の一帯は、夜もまだ明け切らぬうちから
喧騒（けんそう）を極めた。

　どっさりと仕入れた重い荷を担ぎ、向かう先はおのおのの自
力で開拓した〝縄張り〟。列車の人となって町から村へ。青
森の県南地方はもとより、岩手や秋田方面に向かう人など、
行商の範囲は鉄道の沿線各地に及んだ。

　男の収入を当てにしないで生きるたくましき生活力。働き者
といえばそれまでだが、元気で明るいイサバのカッチャたちは、
家族という名の荷も背負いながら八戸の流通経済を支えた。

昭和32（1957）年3月／八戸市
ハマの女たちは働き者でなければ務まらない。たとえ雨の日、
雪の日であっても何のその。背負える限りの重い荷を担いで
なじみの家々を回った

昭和 28（1953）年9月／八戸市
海産物を仕入れた行商人たちは目的地に向かうべく次々と陸奥湊駅の
待合室へ。当時、鮫発午前5時 28 分の列車は、東北線を乗り継ぐ
人たちにとって、なくてはならない交通手段であった

本紙より

春
近
し

　　　まだ真冬の冷たさをもつ春の雪ではあるが、その輝きには希望がある。水色に
澄んだ空の色、低い軒並を越えて吹き寄せてくる風にも〝春近し〟を思わせる。
　　　身に余る大きな籠（かご）の中に干魚を入れ、きょうもこのイサバたちはうつ
むきがちに道を急ぐけれども、その靴裏で擦れて鳴る雪は、春を告げるささやき
の音だ。
　　　この音にじっと耳を澄まして―急な坂を下りてゆく。
　　　靴裏で擦れて鳴る雪春近し　　　忠郎

＊昭和 32（1957）年 3 月 15 日付

路線バス

たくましき〝住民の足〟

昭和 29（1954）年3月／八戸市
市営バスに乗り込む利用者。買い物帰りなのであろう。車内は既に
すし詰め状態。当時はごくありふれた光景だったが、とりわけ冬場は
着膨れた人たちで混み合った。十三日町バス停にて

ボンネットバス

　子どものころ、〽田舎のバスは　おんぼろグルマ…と口ずさんで悦に入っていたことがある。「田舎のバス」という題名のリズミカルなコミックソング。中村メイコさんが昭和30（1955）年に歌って人気を博した。

　そのころの路線バスといえば、運転台から鼻を突き出したボンネットバスが主流。すっきりとした現在の箱型バスに比べ、格好は決してよくはなかったけれど、武骨さの中にもどことなく愛嬌（あいきょう）があった。

　「デコボコ道をガタゴト走る」という歌詞の形容がぴったりの時代。坂道などでは持てる力を発揮するものの、時にエンジンの調子がおかしくなったりすると、機関部を覆うボンネットを開け、中をのぞき込む運転手の姿が見られたものだった。

　今でこそワンマンが当たり前になったが、どのバスにも車掌が乗務。「発車オーライ」と告げる口調はそれぞれ特徴があり、とりわけ女性車掌の声は甘くささやくような響きがあった。

　また、八戸地方の人たちはバスから降りることを「落ちる」というが、他県の人たちから「いったい何が落ちるのか」とけげんな顔をされるといった、笑うに笑えぬ話もまことしやかにささやかれたりもした。

　思えば、ボンネットバスが地域一円を力強く駆け抜けていたころ、世の中もあすに向かう元気さに満ちていた。

昭和41（1966）年4月／八戸市
紺色の制服に身を包んだ市営バスの女性車掌。当時の最低料金は15円。この2年後からワンマンカーが導入され、職業としての車掌は徐々に姿を消していく

昭和40（1965）年2月／八戸市
陸奥湊駅前通りの狭い路上を行く市営バス。高度成長に伴う
モータリゼーションの波は40年代に入ると加速度を増し、バス
事業は経営難に陥っていく

昭和37（1962）年5月／八戸市
バスの車掌は立ちっ放しの仕事で肉体的にきつく、客との応対
その他で神経もすり減る。車庫に戻れば運賃精算のほか、車
両の清掃も待ち受けていた。南部バス八戸営業所にて

本紙より

八戸市営バス復活

　さる四月二十四日、南部鉄道との折衝結果、市へ譲渡と決定、覚書交換の段どりまでこぎつけた南部鉄道バス市移譲問題について、八戸市では二十一日午後一時からバス委員会をひらき、運営上の企画、譲渡になった車庫、車体等の現物調査を行うことになった。

　これにより、いよいよ市営バスとして六月一日から発足することになるが、南部鉄道からの譲渡に伴う営業権の市当局免許は相当おくれるため、当分、南部バスの名儀を使用するが、実質的経営は市役所内に市営バス自動車部を新設して市の特別会計に編入する。

＊昭和23（1948）年5月20日付

クルマ

「乗ってみたい」現実に

昭和 38（1963）年5月／八戸市
繁盛する駐車場。道交法改正で市内に駐車禁止区域が
設けられたのは 33（1958）年 12 月。その2年後には第
1号の駐車場がオープン、以後続々と誕生していく

昭和41（1966）年1月／八戸市
モータリゼーションの伸展で「趣味はドライブ」という時代が到来。
運転したいがクルマがない人たちのためには「ドライブクラブ」とい
う名のレンタル制度もあって人気を集めた

■ あのころ

　今や一家に1台から1人1台の観を呈するまでになったクル
マ社会。道路さえあれば、基本的にどこへでも行くことのでき
るその便利さについてはあらためて言うまでもないが、昭和30
年代の初めごろまではただ眺めるだけで、庶民の手に届かぬ
代物であったことも事実だ。このため、モータリゼーションの
波がその後、急激に押し寄せると考える人もめったにいなか
った。

　交通量の少ない高度成長期以前の道路は子どもたちの遊
び場にもなっていたから、時間はゆったりと流れていた。大通
りであっても、くたびれたようなバスやトラック、それにオート三
輪がたまに行き交うだけ。荷車を引く馬ものんびりと歩を進め、

子どもたちが後ろからそっと飛び乗ることも珍しくはなかった。そ
こには信号機も横断歩道もなかったけれど、人とクルマが適
度に共存、ほのぼのとした空間をつくり上げていた。

　時たま住宅街の中で騒いでいると「こごでなぐ広いケンド
（街道）さ行って遊べ」と怒鳴られた時代。ひとたび雨に
なればぬかるみ、晴れれば土ぼこりという舗装される以前の
道路事情は最悪だったが、何らかの理由でクルマが止まっ
ていると、子どもたちは珍しがって中をのぞき込んだり触ったり
したものだった。発進するクルマと競走して勝てないことは分
かっていても後を追い掛け、排ガスのにおいをかいで満足し
た不思議な感覚もまた、今なお頭の隅に残る。

昭和40（1965）年5月／八戸市
マイカー時代の水先案内人ともいうべき役割を果たした軽自動車
「スバル360」。種差海岸付近の光景だが、当時はクルマの
普及に対して道路網整備の遅れが目立った

昭和40（1965）年2月／八戸市
クルマの大衆化に伴い、自動車学校に通う人も年々増加。
当時、市内に3校あり、ライセンスの取得は就職する際の有
利な武器ともなった

本紙より

初
の
自
動
車
学
校

　八戸市にはじめての自動車学校が誕生した。戦後、各種自動車が増え、ことに
貨物自動車、三輪車などの普及はめざましく、必然的に運転手の養成が望まれて
も八戸市を中心とした県南地方にはその養成機関がないため、技能を習得するに
はわざわざ盛岡や東京に行かねばならなかった。こうした不便を解消しようと、
於本功氏を校主とする公認八戸自動車学校が来る二十日に開校される。

　場所は市内類家古玄中寺（八戸東高校隣）で、練習場は千坪。願書受付は十八
日から、入学式は二十三日。募集人員は普通科、小型科、研究科などで五十名。
なお同校には夜間の校外生制度も設けられている。

＊昭和29（1954）年8月14日付

オート三輪

事業所など中心に普及

昭和34（1959）年11月／八戸市
戦後の復興期に威力を発揮したオート三輪。それまでのリヤカーや
荷車に代わる輸送手段として多くの業種から絶大な支持を得た。写
真は出荷されるイカの塩辛容器

栄枯盛衰

　乗り物という交通手段にスピードや経済性、さらには快適性などを求める人間の欲望はとどまるところを知らない。

　明治以降、今日に至るまでの間、いろいろな乗り物が現れ、そしてそのうちの幾つかは新旧の交代を告げるかのようにひっそりと消えていった。陸上交通について見るならば、まずは人力車や乗合馬車が登場。それまでのかごや馬背をたちまちのうちになきものにしてしまうが、それも歳月を経てタクシーやバス、ひいてはマイカーへと変化していったことは多くの人の知るところだ。

　乗り物の大衆化は迅速かつ大量輸送の面に優れる鉄道がリードするが、1世紀後には2本のレールに縛られることなく、自由に動き回る自動車輸送が幅を利かしているのも周知の事実。

　そんな流れの中にあって、オート三輪が手軽な輸送手段としてもてはやされるのは昭和20年代の後半から30年代の終わりごろまで。オートバイの後部に荷台を付けた構造であることから、初期のモデルはハンドルが丸型ではなく、主軸から左右に広がるバー・ハンドルであった。製造会社は何社もあったらしいが、ダイハツとマツダがその市場を席巻していた。

　いずれにせよ、高度成長期以前の日本にあって、全国津々浦々で見られた実用本位の商用車。バタバタというエンジン音も高らかに、未舗装のでこぼこ道を走り回ったけなげな姿が印象に残る。

昭和36（1961）年5月／八戸市
道路もまだ整備されていなかった30年代、小回りの利くオート三輪は街のあちこちで見られた。けれども小型四輪トラックの台頭も著しく、40年代に入ると需要は激減していく。六日町にて

昭和32（1957）年3月／八戸市
雪の街中を行くオート三輪。内外装もシンプルであったことから
居住性が悪く、冬場はエンジンがかかりにくいという欠点もあった。
十三日町角から、やぐら横丁を臨む

昭和 30（1955）年5月／八戸市
オート三輪の運転技術コンクールでジグザグ走行に挑む参加者。
八戸警察署と交通安全協会が主催し、市内の各事業所、商店な
どから推薦された 15 人がテクニックを競った

本紙より

女性ドライバー

　最近、八戸市内に女性ドライバーが目立ってふえてきた。自転車がバイクやス
クーターに、リヤカーがオート三輪や軽自動車に急速にとってかわりつつある昨
今、運転技術はいまや現代人のアクセサリーともなっている。

　統計をとっていないので正確な実数はつかめないが、八戸署免許係の話では、
八戸市内で運転免許を所持している女性はザッと八百人。このうち五百人はバイ
ク、三百人が軽三輪以上。ところで、おもしろいのはその九九％が実地、法規と
もたった一回の試験でパスしていることで、合格率は男性ドライバー諸君のそれ
にくらべるとズバ抜けて高い。八戸自動車学校の話では月平均の入校女性は約
二十人、その七割までが普通自動車教程だという。これは八戸自動車教習所（大
杉平）もほぼ同じだ。

＊昭和 36（1961）年 9 月 16 日付

II 娯楽・スポーツ

ラジオ

テレビ

パチンコ

レコード

盛り場

踊る

種差海岸

八戸 長根球場

ゴルフ

ラジオ

戦後の「娯楽」をリード

昭和27（1952）年2月／八戸市
NHK「全国のど自慢コンクール八戸地区予選」の一こま。娯楽に
飢えた多くの観客が見守る中、年齢・職業もさまざまな52人がマイク
の前に立った。日米会館にて

昭和32（1957）年8月／八戸市
朝はまずラジオ体操から―。すがすがしい潮風を吸い込みながら、
元気に体を動かす三戸小学校の6年生。夏のラジオ学校と銘打った
1泊2日の合宿生活。鮫の漁民修錬道場付近にて

▌茶の間の主役

　焦土からの出発となった戦後の日本。GHQ（連合国軍最高司令官総司令部）の方針に沿って戦前からの旧制度が崩壊、政治、経済はもとより社会や教育などあらゆる分野で民主化が推し進められることになった。

　このことは「玉音放送」を通して国民に敗戦を広く知らしめる役を担ったラジオ放送も例外でなく、押し付け的な従来の発想を百八十度転換。マイクを一般市民に開放するなどして聴取者の視点に立った番組作りに乗り出していくことになる。

　かくして昭和20年代から30年代にかけて新感覚の番組が次々に登場。NHKだけに限って見てもクイズ形式の娯楽番組として「話の泉」「二十の扉」「私は誰でしょう」「と

んち教室」などがあり、ドラマでは「鐘の鳴る丘」「向う三軒両隣」「お父さんはお人好し」「君の名は」などが人気を博した。歌謡番組にしても「のど自慢」に見られるように、聴取者参加型という方式を採り入れることで、より多くの支持を集めた。

　これらの中には聞いたことがあるもの、かすかに覚えているものなど、郷愁につながる人さまざまな思いがあるに違いない。むろん年齢によっても異なるだろうが、テレビが普及する以前のラジオは紛れもなく茶の間の主役だった。家族そろって耳を傾けたラジオの時代。想像力のメディアは、それだけでも刺激的だった。

昭和28（1953）年4月／八戸市
NHK「三つの歌」は宮田輝アナウンサーの司会で26（1951）年に
スタート。歌詞を間違えずに歌うという形式の聴取者参加番組として圧
倒的な人気を誇った。八戸東宝劇場にて

昭和27（1952）年6月／八戸市
最新のラジオ機器などが出品されたNHKラジオ放送展。市内に
おける当時の聴取率は57.5％。他都市に比べ決して高いとはい
えなかった。八戸商工会議所にて

本紙より

待望の第一声

　NHK八戸放送局の庁舎はかねてから市内根城競馬場西側に、規格住宅株式会社盛岡出張所の手で建築中であったが、このほど完成、今二十八日午前十一時から八戸商工会議所で落成式を挙行、午後三時十五分から待望の第一声をあげることになった。

　同局は開局以来十年間、三八城公園の片隅で仮庁舎のわび住いをつづけて来たものであるが、市民の強い協力によって昨秋二百廿五万円の工費で新築移転となったもの。出力五百W、周波数第一 一三〇〇KC、第二 七〇〇KCで上北、三戸はもちろん下北、岩手北部にまで放送出力をもつ。新たに出来た七坪のスタジオは防音装置も完備、八戸からの放送が行われることになった。

＊昭和28（1953）年3月28日付

テレビ

街頭から茶の間の中へ

昭和34（1959）年1月／八戸市
テレビの大相撲中継は人気番組の一つ。放送の時間帯になると、電気
器具店の前はテレビをのぞき込む人たちであふれ返った。テレビはこの
年、皇太子ご成婚の実況中継もあって家庭に急速に普及していく

昭和 31（1956）年 11 月／八戸市
北日本産業共進会で人気を呼んだテレビ受像公開の模様。
映像は会場の入り口を映し出しただけのものだったが、本紙は
「黒山の見物人が押し合いへシ合いの盛況」と伝えている

▌娯楽箱

　テレビという新しいメディアの登場は新鮮で、かつ驚きだった。さながら家の中に映画館が移動してきたようなもの。事実、「電気紙芝居」と称されることもあったが、世の中の動きを映像付きでたちどころに知ることのできる「娯楽箱」としてのインパクトは強烈で、年を追うごとに普及の度を速めていったことは多くの人の知るところだ。

　とはいってもテレビがまだ物珍しかったころは、いち早く買った近所の家に見せてもらいに行くという光景がごく普通に見られたものだった。子どもたちはもとより、親類や知り合いの大人たちも菓子などを手にして集まってくるから、たまり場と化すのも無理からぬところ。自分のものであっても意のままにならぬ家主

の側は困惑することもあったに違いないが、そこに見られたのは「お互いさま」の精神。たとえその家の畳が擦り切れたとしても、さして問題となることはなかった。

　自分の家にテレビがやって来た場合でも、今では考えられないようなこともあった。何せ初めての体験。白黒の画面であったが、テストパターンや番組終了後のザーザーという「砂嵐」を飽かずに見続けたり、出演者があいさつをすると、つられて頭を下げたりする人もいたようだ。

　ともあれ、一家だんらんの場にまだちゃぶ台があったあのころ、はめ込み式の脚に支えられたテレビは、新式の仏壇のごとく輝いていた。

昭和 31（1956）年3月／久慈市
ラジオ屋の店頭で物珍しそうにテレビを眺める子どもたち。
まだ可視範囲外とあって映らなかったが、客寄せと宣伝
の効果は抜群だった

昭和37（1962）年5月／八戸市
テレビが置かれる場所は、どの家でも茶の間と決まっていた。
テレビを覆うゴブラン織りの幕が時代をしのばせる。写真は
青森県議会議員当時の寺下岩蔵、ふく夫妻

高まるテレビ熱

　テレビのポケット地帯だった八戸でもさる二十八日からNHK盛岡テレビ局の電波を受像できるようになり、市民のテレビ熱もようやく高まり、ラジオ電気器具屋さんも宣伝販売に大わらわ。一方、目ざとい商店、食堂、喫茶店もテレビでお客を吸いつけ、宣伝の効果をあげようと、いち早く店内にテレビを備えつけ、たくましい商魂ぶりをのぞかせている。

　きのう十一日からの大相撲初場所のフタあけで、テレビ熱は一段と高まった感じ。テレビがあるB喫茶店、T食堂、M酒造店、八戸ゆうえん地展望塔などは、お茶でも飲みながらテレビで大相撲を堪能しようという客でゴッタ返す繁盛ぶり。ラジオ店の店頭もテレビに見入る相撲ファンで時ならぬ人垣で埋まるほど。

＊昭和34（1959）年1月12日付

パチンコ

たくましき娯楽の王様

昭和29（1954）年4月／八戸市
パチンコに熱中する人たちで混み合う店内。左手で玉を込めながら、
右手の親指でレバーをはじく。指先の技術を生かすことができた手動
式の時代を懐かしむ人は多い

親指族

　パチンコそのものは戦前からあったが、庶民の娯楽として定着するのは戦後になってからのことだ。『青森県警察史』によると、県内では昭和23（1948）年10月、青森市にお目見えしたのが始まり。その後、2年ほどは増減を繰り返しながらも一定程度を保つが、26（1951）年に一変。機械に風車を取り付けるなどして工夫を凝らし、玉の動きに変化と意外性を持たせたことから大流行、「1日平均1軒の増加ぶり」というすさまじさを見せる。

　同年末の店舗数は県全体で475軒、翌年末には815軒の多きに達するが、雨後のタケノコのごとく増えたその状況は本紙にもうかがえ、自分の店を畳んでパチンコ店に貸した方がもうかるといった話や、教育事務所の下にパチンコ店が入り、派手な看板を掲げたためにどうにもきまりが悪いといった事例など、「世は挙げてパチンコ時代」だったことを物語っている。

　その後、店舗数は淘汰（とうた）されて激減するも、台数自体は増加。30年代に入ると、連発式の禁止でやや下火となるが、35（1960）年には下部センターの入賞口に玉が入ると、両脇のチャッカーが花弁のように開く「チューリップ」が登場、より多くのファンを獲得していく。

　ファンといえば「親指族」という言葉もあった。パチンコ好きの人をそう呼んだが、親指を使って玉をはじく手動式の時代ならではのはやり言葉だった。その親指族も消えて久しい。

昭和26（1951）年10月／八戸市
新台導入を知らせる店頭の貼り紙広告。当時は「オール15」や「オール20」といった、いわゆる「オールもの」が主流で、入賞口に玉が入ると50個の景品玉が出る「オール50」まで出現した

昭和27（1952）年12月／八戸市
年の瀬の慌ただしいさなかを縫ってパチンコに興じる人たち。
男性客が圧倒的に多かった時代、勝ち負けに一喜一憂す
る女性客の比率はごくわずかだった

昭和26（1951）年7月／八戸市
パチンコはこの年、爆発的なブームを呼ぶ。店舗は春ごろから急増、
7月時点で45軒を数え、翌27（1952）年1月には76軒になった。
けれども20台程度の小規模店も少なくなかった。長横町にて

本紙より

シノギけずり合戦

八戸市内のパチンコ界は昨年来、依然おとろえを見せぬばかりか、現在の七十六軒からますます増加の傾向にあり、これにつれて経営者と客との頭脳合戦から、経営難で閉鎖する店と新しく開店する店の新陳代謝もはなやかに、旧正を控えた商店の大売出しの旗の波のかげに秘術をつくした客寄せ合戦が演じられている。

玉と引換えの商品も客を釣るためには止むを得ぬと次第に豪勢になり、損益すれすれの線までサービスしているため、人件費を極度に節減しなければならない状況のようである。一方、新たに開店する店もこれに対抗するため秘策を練っているが、今二十六日午後五時から開店する市内ロ一丁の共栄遊技場なども五二年型のニューフェイスを取り付けるなど、新年を狙った八戸パチンコ界は猛烈な競争時代に入った観がある。

＊昭和27（1952）年1月26日付

レコード

サウンド文化 様変わり

昭和27（1952）年11月／八戸市
十三日町にあった丸美屋デパートのレコード売り場。LPレコードは
カウンター内の専用棚に収納、客の要望に応じて取り出していた

LP

　塩化ビニール。戦後の音楽メディアに一大変革をもたらしたLPレコードは、この新素材によって生まれることとなった。回転数を落として長時間録音を可能にしたばかりでなく、素材の粒子が細かいことから、雑音が目立ちにくいという全く新しいレコード。それまでの重くて壊れやすいSPだと、片面3分から5分ぐらいの演奏をすると掛け替えなくてはならず、せっかくの名曲も興をそがれることにもなっていた。

　そんなLPの第1号は米コロムビアの手により昭和23（1948）年に登場。瞬く間に世界に広がっていくことになるが、日本では26（1951）年、日本コロムビアが輸入原盤を使って売り出したのが始まり。当初はロング・プレイ、すなわちLPというより「長時間レコード」の名で呼ばれたともいう。値段は1枚2300円。たばこのピースが1箱50円の時代だから、庶民にとっては高根の花であったが、30年代以降はステレオも徐々に普及、ドーナツ型のEPレコードと並んで、より身近なものになっていく。

　今思えば高度成長期はレコードの黄金時代。ジャンルも多様化、オーディオという言葉も新鮮な響きをもって受け止められたものだが、やがてはカセットテープやCD（コンパクトディスク）の出現により存在感を失っていく。

　いやはや音（楽）を捉えて再生したいという人間の探究心はとどまるところを知らない。

昭和31（1956）年2月／八戸市
本紙の連載企画「マニア訪問」にレコードのコレクターとして登場した井上皖司さん。クラシック音楽好きの井上さんは、ベートーベンを主とした輸入盤のLPがご自慢だった

昭和41（1966）年12月／八戸市
お気に入りのレコードを選ぶ人たちで混み合う年の瀬の店内。
一番のお得意さまは高校生。ラジオやテレビから流れるヒットナ
ンバーが売れ行きを左右した

昭和31（1956）年1月／八戸市
本社主催のLPレコードコンサートに耳を傾ける人たち。解説は
小中野中学校の漆畑敏克教諭が担当。戦後の娯楽はまだ乏し
く、こうした催しは人気を集めた。八戸商工会議所にて

本紙より

土曜日コンサート

　去る四日、第一回公開コンサートを開いた八戸ディスク倶楽部では、こんご毎月第一土曜日にコンサートを開くことになった。

　次回は七月二日、前回同様八戸商工会議所階上ホールで本社後援で開くが、特に鑑賞したい曲目を市内二十八日町三庄商店内の八戸ディスク倶楽部、又は三日町文明堂宛に二十日までにハガキで申込んでもらいたいとのこと。

＊昭和24（1949）年6月16日付

盛り場

心の憂さの捨てどころ

昭和32（1957）年12月／八戸市
長横町の連鎖街は30（1955）年の正月明けに完成。食堂、喫茶店、
バーなど二十数軒の〝遊び場〟の出現は、市内随一の歓楽街に生ま
れ変わる要因の一つとなった

昭和 27（1952）年 11 月／八戸市
映画という当時最大の娯楽を求めて多くの人が足を運んだ長横町。
文化劇場の地階にあったキャバレー「文化」はこの年3月オープン。
市内におけるキャバレーのはしりだった

長横町　その一

　盛り場と聞いて何を思い浮かべるだろう。ネオン、不夜城、酒場、ホステス、雑踏、酔客…。人によっては人間くささとか欲望、さらには解放感、退廃、孤独などといった内面的なイメージを想起するかもしれない。魅力と魔力が共存する盛り場は、個々人の心象のトータルともいうべきそれらの全てを受け入れてくれるからこそ、多くの人を引き付け、日々新たなる思い出を刻んでいく。

　長横町といえば八戸の夜の顔。今や盛り場の代名詞ともなっている。けれども戦前までは板塀の続く、文字通りの長い横町。小規模な商店がまばらに点在するだけの寂しげな町内だった、と古老たちは口をそろえる。

　その長横町が変貌するきっかけとなったのは、銀映劇場（日活）という映画館の登場。昭和 21（1946）年8月のことだが、長横町に与えた影響は極めて大きく、当時最大の娯楽を求めて多くの人が足を向けることとなった。映画館はやがて背中合わせのロー丁（鷹匠小路）を巻き込む形で続々オープン。30 年代の初頭までに中央劇場（オリオン）、文化劇場、第二中央劇場、八戸東映、テアトル八戸、大映などが名乗りを上げて、より集客力を高めていく。

　これに歩調を合わせるかのように飲食店やキャバレー、バー、パチンコ店なども張り付き、長横町とロー丁を結ぶ連鎖街の出現もあって、活力にあふれた歓楽街を形成していくことになる。

昭和41（1966）年5月／八戸市
新長横町にあった「銀馬車」の店内風景。長横町の「みつや」と共に
30年代初頭のキャバレーブームを創出した。店はなくなったが「銀馬車
通り」の通称名は今も生きる

昭和41（1966）年3月／八戸市
勤め帰りの一杯は至福のひととき。洋酒喫茶の値段表示を
にらみながらの思案も楽しい。水割りが全盛となる以前はハ
イボールがその役を担った

本紙より

八戸に新商店街

　〝八戸の浅草〟といわれる長横町につらなって、新長横町に新しい商店街が生まれる。日米会館東側から鍛冶町（屯所前）に通ずる幅二間の道路がこのほど完成した。いま新町名を考えているが、この道路の両側に三十二棟の商店街が着工されている。

　これに先立って日米会館裏にサービス女性百人という豪華キャバレー「銀馬車」が二十一日開業するし、周辺には大小料飲店など続々建てられ、すでに営業しており、新長横町と鍛冶町を結ぶ新繁華街が誕生することになった。

＊昭和30（1955）年12月21日付

昭和31（1956）年12月／八戸市
キャバレーとクリスマス。本来は無関係だが、なぜかパーティーと
称するものがあって、男どもはいそいそと出掛けた。「鳴らしてよ　心
のジングルベル」とはこの年の某店のキャッチコピー

▌長横町　その二

　いつオープンしたのか、というのは比較的調べやすい。規模にもよるが宣伝もするし、場合によってはマスコミが取り上げることもあるから、おおよその検討もつく。けれどもいつ閉じたのか、となると話は別。手掛かりは少なく、関係者にでも問い合わせない限りはっきりしない。ついこの間まであったはずなのに、いつの間にかなくなった店舗や施設の何と多いことか。

　映画館もその例に漏れない。かつて長横町かいわいには十指に余る映画館があった。映画を見た後、近くで何か食べて帰るのが最高の楽しみ。それがたとえ何カ月かに一回であったとしても、納得できる素直さがあった。

　時代変化の流れは激しく、あれだけ栄華を誇った映画館も今はゼロ。ふと見回すと跡形もなくなっている。テレビの影響もあったし、余暇の過ごし方の多様化も追い打ちをかけた。盛り場が世の動きを敏感に映し出す以上、商売の浮き沈みは宿命といえるが、同時に新しもの好きで移り気な人間の性分についても思いをはせないわけにはいかない。

　いずれにせよ、映画の黄金時代はバーやキャバレー、サロンといった形態の社交場も元気だった。「銀馬車」「みつや」「スタンブルイン」「想い出」「若い人」「若鳩」など、時代を駆け抜けていったあの店この店。これらもまた、いつ姿を消していったものか判然としない。

昭和42（1967）年4月／八戸市
40年代の若者文化をリードした「じゅねーぶ会館」。1階はグランドスナック「ニューパンチ」。2階の「じゅねーぶ」にはスタジオがあり、ラジオの公開放送も人気を集めた

昭和32（1957）年12月／八戸市
全国で初めてという触れ込みでお目見えした酒の自動販売機。
10円玉3個あれば、紙コップが出てきてかん、冷やもお好み
次第だった。桃川酒造湊支店にて

昭和 30（1955）年 12 月／八戸市
酔っ払い天国日本。その程度によっては警察の手を煩わし、一晩
〝別荘〟にご厄介になることも。当時は道端に寝込み、凍死する
泥酔者もまれではなかった

本紙より

はやる〝バー開店〟

　最近、八戸市内にバーの開店が目立ち、県下でも最高の六十七店がひしめいているほか、〝バー予備軍〟とも言うべき喫茶店、クラブが三十八店もあり、〝バー開店〟は歓楽街の流行となっているようだ。

　〝サロンやキャバレーと違い、経費の面で取りつきやすく、女の子の四、五人もおけばビール一本二百円ナリで商売ができる―〟というのが、バーを開業した人たちのことばだが、〝カウンターで飲んでいる分には千円もあれば十分だし、キャバレーやサロンみたいに無理？に酒をすすめない〟と客からも好感をもって迎えられている。

＊昭和 37（1962）年 2 月 14 日付

踊る

体を動かすことの喜び

昭和31（1956）年12月／八戸市
ダンスホールの夜は更けて。ブルースやジルバ、ワルツにタンゴ…。
その人気に火がつくのは戦後のことだが、まゆをひそめる年輩者を尻目
に若者たちの心をがっちりとつかんでいく

昭和 37（1962）年 12 月／八戸市
この年から翌年にかけて大流行したツイスト。「たばこの火を
つま先でもみ消すように」踊るのがコツといわれ、ロックンロー
ルを皆で踊ることの楽しさがあった

■ ダンス草創期

　まだ敗戦のショック覚めやらぬ八戸市の目抜き通りに、進駐軍向けのダンスホールがお目見えしたのは昭和 20（1945）年 11 月のこと。店の名を「オリエンタルダンスホール」といい、場所は三日町の中央部、戦前、デパートとして知られた三萬の 2 階にあった。

　八戸市における社交ダンスの歴史はここに新たな一歩を踏み出すが、同年 12 月 28 日付の本紙は同ホールの探訪記事を掲載、こんなふうに伝えている。

　＜暗い街にここは不夜城…甘い旋律が街頭に流れ出ている。どこか田舎からでも出て来たか、うらぶれた若い男女が四、五人ポカンと物珍しそうに口を開いてのぞいている。入口には人魚の絵を極彩色で描き、その上へデカデカと英語でオリエ

ンタルダンスホールと書かれて居るのが印象的だ＞

　三日町に生まれ育った三浦哲郎さんの小説『おりえんたる・ぱらだいす』はその前後を描くが、翌 21（1946）年 1 月には通りを挟んで「キャバレーツキウ」（後にパレス）がオープン。こちらは日本人向けであったことから、若者を中心にダンス熱は徐々に高まっていく。

　こうした動きと歩調を合わせるかのようにして結成されたのがニューグレープダンスサークル。正統派ダンスの同好会で、中心となったのはダンス教師の免許を持つ鈴木文雄、それに山田郁三、中村弘といった人たち。その後のダンスブームは彼らの力に負うところが大きい。

昭和38（1963）年7月／八戸市
青空の下、フォークダンスに興じる若者たち。当初は異性と手をつなぐ
照れくささもあったが、学校教育の中に取り入れられるなどして普及してい
く。種差海岸にて

昭和30（1955）年1月／島守村（現八戸市）
手踊りも飛び出し、盛り上がるニワジマイ（庭仕舞）の光景。
晩秋から旧正月前にかけて行われる年中行事で、農作業終
了後の祝いの宴。沢代集落にて

本紙より

八戸のダンス界

八戸のダンス界は進駐軍の兵隊さん達が楽しくリズムに合して踊っている魅力
に自然にひかれ、乗り出した愛好家達が五人、十人と集って昨年初め、青年公社
でやり出したことがその草分けで（もち論、戦前もやっていたが…）、初めブルー
スもヨチヨチだった人が今では堂々タンゴ、少し先ばしった人はブギウギジルバ
ー のスローステップさえやり、その中心勢力ニュー・グレープ・ダンス・サー
クル（N・G・D・C）の約五百名の会員をはじめ八戸には一千名のダンス愛好
者があるといわれる。

ホールは青森三、盛岡三に較べておとらず、クローバー、パレス、その他進駐
軍の好意でオリエンタル・ホールでパーティーを時々開いてダンス熱は益々あがっ
ている。

＊昭和23（1948）年7月8日付

種差海岸 八戸を代表する名勝地

昭和37（1962）年6月／八戸市
初夏の柔らかい日差しを受け、広々とした緑の芝生の上でくつろぐ行楽客。
海辺に臨むその天然芝は珍しく、12（1937）年に国の名勝に、28（1953）
年には青森県立自然公園に指定された

花鳥の道

　太平洋の荒波を受けてしぶきを上げる大小の岩と、段丘上に広がるなだらかな芝生、さらには四季折々に咲き乱れる海浜植物や閑静な松林などが相まって独特の景観を織り成す八戸市の種差海岸。これまで多くの文人や画家、写真家らがこの地を訪れ、その光景を作品の中に取り込んできた。

　詩人で作家の佐藤春夫も種差の風景に魅了された一人で、昭和26（1951）年と28（1953）年の2度にわたって来訪。その際の思い出は「美しい海辺」という一文となって今なお光彩を放つが、春夫をして「海岸美と山嶽美とを打って一丸としたとも云うべき、ちょっと想像に絶した風景」と言わしめている。

　最初の種差行となった26年7月10日付の本紙は「佐藤春夫氏夫妻ひょっこり来八」との見出しで同行記事を掲載。それによると、いたく気に入った様子の春夫は芝生に連なる野花の道を「花鳥の道」と命名。着物姿の夫人も芝草の上に素足を投げ出し、霧でしっとりぬれたその感触を楽しんだという。

　春夫はまた白浜付近の松林を「しし松の道」と呼んだが、東北弁では「すすまず」となるのでまずい、と言って打ち消したというから、ユーモアセンスもなかなかのもの。一行は蕪島も訪れ、ウミネコの群れに大喜びだったようだが、春夫はこんな句を残して八戸を離れる。

＜めでたさや花鳥の道一里半＞
＜いそ涼し人を迎うる可もめ鳥＞

昭和30（1955）年8月／八戸市
豊かな自然の景観をうたい上げる種差海岸の案内板付近にて。夏の名残と秋の気配が交錯するころの光景だが、なだらかな海岸美はよく女性的な景観としてたたえられてきた

昭和32（1957）年7月／八戸市
種差海岸で開かれたモデル撮影会の一こま。まだ二眼レフ主流の
時代だが、比較的安価で操作がたやすい小型カメラが出回るように
なったことで、写真はより身近なものとなった

昭和26（1951）年6月／八戸市
真っ青な海、岩を打つ波のしぶき、のんびりと草をはむ馬…。
風光明美な種差海岸はどこを切り取っても絵になる。スズランの
香りが潮風に湿る中、スケッチする人たち

本紙より

種差立体水族館

　種差海岸に今春来完成を急いでいた立体水族館がこのほど完成、明二十四日晴れの開館式を行う。同水族館は養殖研究者成田正五郎氏が種差観光事業に貢献し、外客を誘致することによって地方の発展に寄与し、あわせて学研の資料として意義あらしむべく建設に着手したもので、内容設備は次の通り。

①館内には淡水魚ガラス張り水槽十五個、海水用水槽十七個を設備、中庭には淡水海水各一カ所の平面池を設備

②八戸水産高等学校自然科学班の研究室を設置

③現在百余種の魚類を収容している

なお入場料は大人二十円、子供十円。

＊昭和25（1950）年6月23日付

八戸 長根球場

市民スポーツのメッカ

昭和26（1951）年10月／
八戸市
待ちに待った長根球場の完成。
球場開きのメーンイベントともいうべ
き祝賀試合では、中学や高校の
野球チームが紅白に分かれて熱
戦を繰り広げた

昭和26（1951）年9月／
八戸市
総合運動場の一角で進む
長根球場の建設工事。完
成までには市内トラック業者の
「1日1台提供運動」など
数多くの市民による汗の奉仕
活動があった

待望の施設

体育館を中心に陸上競技場、野球場、スケートリンクなどの体育施設が扇状に広がる八戸市の長根公園。戦後いち早く着工の機運が盛り上がり、それまでの長根堤を埋め立てて順次できたものだが、市の中心部にあって利便性が高いことから、今日に至るまで一大スポーツセンターとしての地位を揺るぎないものにしてきた。

第1号のパイピングスケートリンクに続いて野球場が完成したのは昭和26（1951）年の10月。「総工費は1010万円、総面積7千坪、両翼300フィート、中堅387フィート。広さにおいては本県はもちろん、東北においても有数の大球場」とは当時の村井倉松市長の弁だが、大都市にひけを取らない待望の施設の完成は、その年の明るい話題となった。

けれども工事は順調にいったわけではなく、財政難などから一時は年度内の完成が危ぶまれたこともあった。それらの難題をクリアすることができたのは、何といっても総合運動場建設期成同盟会を中心とする市民の熱意。体育協会や野球協会の尽力もあったし、市内各高校の生徒らによる勤労奉仕などもあってのことだった。

バックネットやスタンドのある本格的なグラウンドの完成。球場開きが行われたのは同月7日のことだが、その当日の様子については掲載した写真の通りだ。手作りのイベントに今様の派手さはないが、詰め掛けた市民の素直な喜びが伝わってくる。

昭和26（1951）年10月／八戸市
村井倉松市長による始球式。本紙は「秋空に歓呼の処女球」との見出しを掲げ、赤トンボが飛び交う秋晴れの下で球場開きが行われたことを報じている

昭和26（1951）年10月／八戸市
球場開きに花を添えた第一中学校の女子生徒によるマスゲーム。
新制の中学校が発足して4年目、まだまだ予算も設備も満足にな
い時代だったが、体を動かす時間はたっぷりあった

昭和26（1951）年10月／八戸市
球場開きの入場式。市内の中学、高校のほか、一般の野球
チームの選手たちが白線の引かれたダイヤモンドを1周、長
根の土をしっかり踏みしめ、新たな施設の完成を祝った

本紙より

八戸市に大野球場

　八戸市の総合運動場建設工事は本年度計画として野球場を建設することになっ
ているが、市では八月までに完成させようと昼夜兼行の工事を進めている。十九
日現在の工事進捗率は約四割で、目下スタンドの土盛り、排水管施設などを急い
でいる。難題は諸物価の値上りに伴う資材の値上りで、当初予算は八百万円であっ
たが、千二百万円位を要するのではないかと見られている。

　この予算オーバーについては市でもどうにかなるだろうと語っているが、とも
かく完成の暁には収容人員四万人といわれる後楽園に匹敵する大スタジアムとな
るので、スケートリンクと共に八戸の誇るスポーツの殿堂として市民の期待は大
なるものがある。

＊昭和26（1951）年5月20日付

昭和 27（1952）年8月／八戸市
新装なった長根球場の公認記念行事として開かれた初のプロ野球
公式試合。巨人対広島第 10 回戦。写真は開会のセレモニーで
勢ぞろいした両軍ナイン。スタンドは6千人の観客で埋まった

畷 グラウンド

　スポーツどころではなかった戦中戦後の空白期を経て完成した八戸市の長根球場。野球大会を開催できる、市民のためのグラウンドが欲しい、という関係者の願いはここに実を結ぶが、戦前を振り返ってみるとき、球場と呼べる施設がなかったわけではない。

　八戸が市制を敷いた昭和4（1929）年に開設された畷（なわて）グラウンドがそれ。名称は市民から公募。畷（縄手）が最も多かったという。早速、市制施行記念行事として第1回北日本選抜中等学校野球大会が開かれたほか、6（1931）年からは官民挙げての運動会も開催されるなどして盛況を極めた。

　今でいうスポーツセンターといったところだが、野球場として

の整備も着々と進む。支えたのは関係者の熱意。八戸市体育協会の記念誌などによれば、バックネットを中心に5段のスタンドもあったというから、なかなかのもの。とはいえ、周囲を板塀で囲んだだけの質素なものであったようだ。

　場所は移転前の柏崎小学校に当たるが、古くは類家田んぼのかんがい用水池で、「勘太郎堤」と呼ばれた所。耕地整理事業によって埋め立てが始まる大正末までの冬場はスケート場として知られ、はかま姿にマフラーをなびかせて滑る女生徒の姿も見られた。

　地区の人口増加に伴う柏崎小の開校は昭和11（1936）年のことだから、畷グラウンドとしての存在期間は10年に満たない。

昭和29（1954）年5月／八戸市
プロ野球の毎日オリオンズ対大映スターズ第3回戦に先立ち、
パ・リーグの審判部長から公式球場認定書を受け取る八戸市
の八木橋新太郎助役（左）

昭和34（1959）年8月／八戸市
大正10年代から急速に普及した少年野球。戦時中は中断するも、
戦後は年々盛んになっていく。写真は第2回八戸市少年親善野球
大会の開会式で入場行進する選手たち

昭和31（1956）年6月／八戸市
社会人の女子野球リーグで活躍するエーワンポマードチームを
迎えて行われた八戸市の男性チームとの親善試合。八戸化粧
品小売商組合の結成を記念して開いた

本紙より

プロ野球来八　本決り

　八戸市営球場が一応の完成をみてからグラウンド開きらしい試合を行っていないので、総合グラウンド建設期成同盟会ではいよいよプロ野球を迎えることになり、七日午前十時から八戸商工会議所で委員会を開き、協議の結果、来る八月六日午後三時から読売ジャイアンツ対広島カープの一戦を実現することに決定、同日の夜行で石橋栄治市議がギャランティ二十五万円を携行し、上京した。
　従来、巨人軍の加わる地方ゲームは各県の読売会が主体となって興行されているが、八戸の場合は市営球場公認記念大会と銘打ち、期成同盟会が主催となり、青森県読売会、八戸市、八戸野球協会の三者が後援する。

＊昭和27（1952）年7月8日付

ゴルフ

同好の士が集まり種まき

昭和 39（1964）年 11 月／六戸町
本社主催による第1回東北地区ゴルフ大会。同年6月にオープン
したばかりの十和田国際カントリークラブゴルフ場で開かれたもの
で、愛好者ら 54 人が腕前を競った

八戸の先達

　本紙や関係者の話を総合すると、八戸でゴルフ熱が芽生えたのは昭和31（1956）年。戦前からのキャリアを持つ人もいたようだが、先頭に立って行動を開始したのは当時、工場の建設を進めていた日曹製鋼の渡辺正明初代工場長。暇さえあれば工場近くの砂浜でクラブを振ったという渡辺氏は、将来、工業都市として発展する八戸にゴルフ場が必要であると訴え、八戸ガスの滝﨑清男専務をはじめとする同好の士を集めて具体的準備を進めていく。

　かくして誕生したのが八戸ゴルフクラブ（HGC）。翌32（1957）年12月25日のことだが、これに合わせて更上閣の敷地の一角を借り受け、小さいながらも更衣室を備えた

インドアのゴルフ練習場を建設。そのお披露目を兼ねての発会式であった。会長には渡辺氏が就任、63人のメンバーが集った。入会金2千円、会費500円で、会員の紹介があれば入会することができたという。

　とはいえ明るい太陽の下、どこまでも広がるグリーンの上で思い切りプレーしてみたいと思うのは人の常。当時は三沢米軍基地内にあるコースしかなく不便をかこった。八戸地方に本格的なゴルフ場ができるまでにはなおしばらくの時間を要した。

　豪快さと繊細さを併せ持つゴルフの人気は高いが、この地方にその種をまいた人たちの多くは幽明境を異にしている。

昭和40（1965）年5月／八戸市
馬淵川河川敷のゴルフ場でプレーするゴルファーたち。とはいっても市内でゴルフ熱が高まるのは40年代の半ばごろから。当時はまだクラブを手にする人は少なかった

昭和32（1957）年12月／八戸市
八戸ゴルフクラブはこの月結成。会員たちは発会式に臨んだ後、
更上閣脇に設けた練習場で早速クラブを握って汗を流した

昭和36（1961）年9月／八戸市
プロゴルファーの陳静波氏を招いて開かれたゴルフ教室。当日は
八戸ゴルフクラブの会員30人が参加、クラブの握り方など直接
指導を受けた。八戸遊園地のゴルフ練習場にて

本紙より

角の浜ゴルフ場

　塩釜市にある公認ゴルフ場をしのぐとされている九戸郡種市町角の浜のゴルフ
場開きは十日、八戸ゴルフクラブ（会長滝﨑清男氏）、地元関係者五十人が出席し
て現地で行われた。八戸ゴルフクラブでは先ごろから同ゴルフ場に目をつけてい
たもので、臨時会費の徴収で芝生の手入れも終り、東北屈指のものだといっている。

　広さ十万坪、最長で五百十ヤード、九コースが設定されている。広々とひろが
る太平洋をバックにクラブを振りまわすのは見るものにも壮快さを与える。地鎮
祭の後、滝﨑会長の始球、次いで館石種市町長、川口角の浜漁協組合長らがなれ
ない手つきで球を打てば、物珍しげに集まった部落の人たちは、やんやの拍手を
送っていた。

＊昭和33（1958）年8月12日付

Ⅲ　衣食住

パーマ

時代がつくる女性の髪形

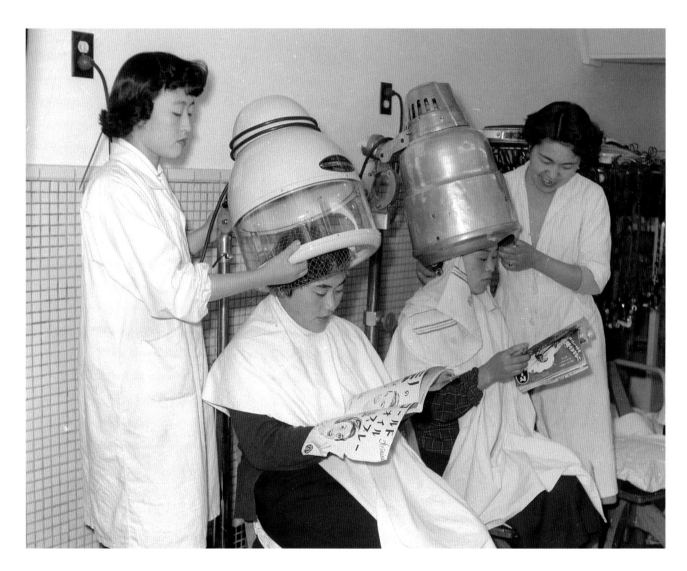

昭和29（1954）年5月／八戸市
ヘアスタイルの画報を眺めながらパーマをかけてもらう女性。この年、
映画「ローマの休日」で人気を博した女優オードリー・ヘプバーンの
ヘアスタイルが大流行、髪を短くする女性が急増した

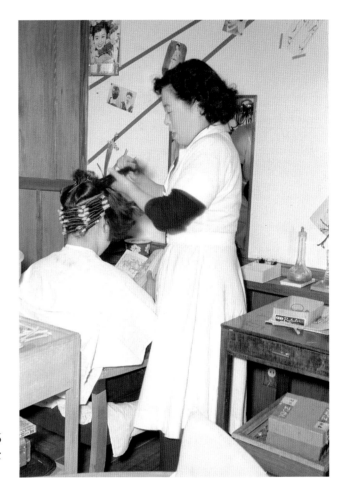

昭和28（1953）年3月／八戸市
薬品を利用した熱くないパーマ、すなわちコールドパーマは26
（1951）年ごろから登場、常温でウエーブが思いのままにな
ることなどから広く普及していく

▌民俗学者の目

　日本女性の髪形を近代的ヘアスタイルに導くことになった
パーマネント・ウエーブ。パーマネントといったりもするが、今
ではパーマと略した呼称で語られることが多い。

　その機械や使用方法などが日本に伝わるのは大正末のこと
だが、洋装化の流れを受けて広く知られるようになるのは昭
和に入ってから。とりわけ10年代以降は国産の機械が発売
されたこともあって地方にも普及、パーマをかける女性が少し
ずつ増えていく。

　八戸においては10（1935）年ごろ、髪の毛をスズメの
巣のように縮らせた女性が東京から帰ってきて周囲の人をアッ
と言わせたとの話も残るが、パーマの機械が入ってきたのは
13（1938）年春のこととみられる。というのも当時の「奥南

新報」にパーマに関する一文が見られ、おおよそこんなこと
が書かれてあるからだ。

　湯屋に行ってみると、パーマのビラが貼られてあった。「理
髪界の一大福音」などとある。小中野のどこかであったが、
4月1日、そこの小学校の入学式に出掛けた近所の婦人の
話によると、その日にパーマをかけたのは1人だけで、医者の
奥さまだったという。

　この目撃談を寄せたのは教員の小井川潤次郎。「これが
この土地での初めかもしれない」と結んでいるが、潤次郎と
いえば八戸地方における民俗学の先達。その興味の対象が
世相にまで及んでいたことが分かって興味深い。

昭和 27（1952）年 12 月／八戸市
正月を控えて混み合う美容院。電熱で髪を縮らせ、癖を付ける方法の
パーマは戦前から戦後の一時期にかけての主流だった。日本語に置き
換え「電髪」と呼ばれたこともあった

昭和27（1952）年3月／八戸市
八戸高等理容美容学校での美容実習風景。小中野の校舎は
この月落成。理容師および美容師を養成する機関としては青森
県下で初の職業訓練校であった

本紙より

ホクホクの美粧院

　世はあげてパーマネント時代。若い娘さんは勿論、五十代のお婆さんからおかみさん、最近は若い男性のパーマも珍しくなく、わけても三、四才の可愛い女の子がカールも美しく母親に手をひかれて街を通るのにはビックリさせられる。

　この波に乗って八戸市内の美粧院も急激に増え、七月二十日現在、市内三十六軒、郡部も三十三軒で昨年同期から見ると約三割程度も増加している。

　これら美粧院の一日の稼ぎ高は一流店舗になると平均二十人というから電髪大人セット付三百円と見て六千円内外の収入とは豪勢なもの。

＊昭和26（1951）年7月25日付

食生活

日々の献立 劇的に変化

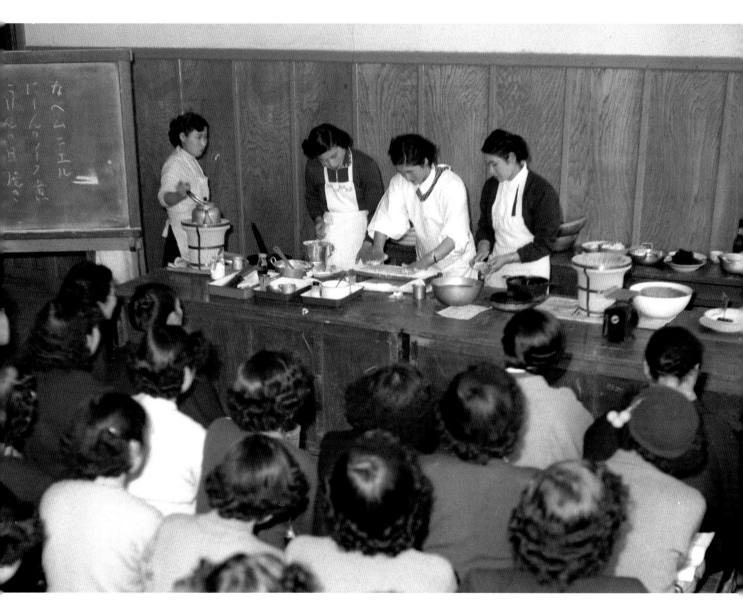

昭和29（1954）年4月／八戸市
『婦人之友』の読者を中心とした組織「友の会」の八戸支部が
主催して開いた家庭料理の講習会。「なべムニエル」「にしんの
ソース煮」などと黒板に見え、テーブルの上のしちりんが時代をし
のばせる

昭和31（1956）年12月／八戸市
八戸地方農村食コンクールの展示会場風景。農村の生活改善は
食生活から—との趣旨で20年代から実施、主食や副食、保存食
などの部門に分かれて料理の腕を競った

▌割烹着

　のりの効いた真っ白な木綿の割烹（かっぽう）着が、台所でかいがいしく立ち働く母親のイメージと重なるのは、どの年代までなのだろう。

　物の本によれば、割烹着がお目見えするのは明治の半ば。良家の未婚女性たちが通う東京の料理学校で生まれた。作業していると邪魔になる和服の袖をすっぽり包み込み、胸から膝下まで覆うという当時としては画期的なアイデア。以後、何回か改良を重ねて現在に至るが、その普及には八戸市出身の羽仁もと子が創刊した『婦人之友』も一役買っている。

　戦時中は国防婦人会や愛国婦人会といった名の下に着用が図られ、日の丸の旗をかざして街頭に進出することもあっ

たが、戦後もひところまでは主婦の〝制服〟として君臨。長谷川町子の人気漫画「サザエさん」や「いじわるばあさん」に見られるごとく、登場人物の割烹着姿が日本家庭の象徴的な情景であることを物語っていた。

　けれども台所がキッチンと名を変え、洋装が一般化した今では割烹着の出番が少なく、目にすることもめったにない。たとえ見掛けたとしても歓楽街の一角。それもおふくろの味を売り物にする小料理屋のおかみさんぐらいのものになってしまった。

　働く人の姿がある限り、汚れを防ぐエプロンがなくなることはないけれど、母親を象徴した時代は遠のくばかりだ。

昭和32（1957）年7月／八戸市
日本食生活協会の栄養指導車（キッチンカー）による料理講習会。
当日は八戸保健所との共催で簡単にできる「小魚のナンバン漬け」
などを披露した。尻内（現八戸）駅前広場にて

昭和 26（1951）年6月／八戸市
八戸保健所内に設けられたモデル台所。一般家庭の台所改善のため
最新の調理台や流し台などを備え、従来の暗くてじめじめした調理空間
からの脱却を訴えた

本紙より

食卓の作法研究会

日本女子大学桜楓会八戸支部、八戸市教育課共催、家庭科研究会八戸支部および本社後援で来る十九日正午から市議会議事堂で、八戸市では最初の西洋料理食卓作法研究会を開催する。

講師は日本女子大家政学部教授小林文子女史で、女史は食卓作法研究者として知られ、最近アメリカから帰朝したばかりである。会はテーブルの作り方からディナーのコースを一通り実習することになっている。会費五百円、申込先は三日町クドウキチ店、小中野町美濃部医院。なお同会では特に男子の多数参加を希望している。

＊昭和 27（1952）年 10 月 17 日付

洗濯

昔「手洗い」 今「全自動」

昭和30（1955）年3月／八戸市
白銀地区にあった三島川で衣類を洗う女性たち。腰を曲げ、
せっけんをこすり付けて力いっぱい布をもむ。夏はまだしも、冷
たい冬場はつらい仕事だった

洗濯渡し

　洗濯。一般的には衣類などを洗ってきれいにすることをいうが、青森県や岩手県の一部地域では衣装そのものを指す言葉としても使われてきた。なまって「せんだく」といい、「せんだくもち」といえば衣装をたくさん持っていることをいう。

　洗う行為であれ衣類であれ、かつては幅広い意味を持っていたことになるが、五戸町出身の民俗学者・能田多代子は、同地方に「せんだくわだし（洗濯渡し）」の習わしがあったことを書き記している。

　それによれば、嫁入り後2年間は夫の世話をしなくてよく、姑（しゅうとめ）が一切の面倒を見た。が、3年目になると姑は嫁に「これからは、お前がしてくれ」と言って、夫に関わ

る衣類その他全部を渡す。以後の管理や世話を委ねるというもので、事実上の主婦権の移譲を意味した。

　それだけに一家の主婦にのしかかる重圧が生易しいものでなかったことは想像に難くないが、こうした慣行も農村社会や家族制度が大きく変化した現代にあっては、昔語りの世界でお目にかかるぐらいのものになってしまった。

　衣類を洗う意味での洗濯についていえば、戦後の電気洗濯機の普及は家事労働の手間を大幅に軽減。家庭の必需品としての地位を揺るぎないものにしていく。たらいや洗濯板も、もはや死語。博物館入りする時代となってしまった。

昭和31（1956）年12月／八戸市
電気洗濯機を使用する女性。遠心式脱水機の付いた2槽式洗濯機が登場する以前は、ローラーの間に衣類を挟んで水分を絞り取っていた

昭和32（1957）年7月／八戸市
沼での洗濯風景。水道管の引かれていない地域では水の確保に
苦労した時代。場所は不明だが、子どもたちの手伝う姿もごく普通
に見られたものだった

昭和32（1957）年5月／八戸市
電器店が普及効果を狙って始めた貸し電気洗濯機。料金は
1回15分で20円。ワイシャツなら6枚、浴衣は4枚洗うこと
ができた。コインランドリーの先駆的形態といえる

本紙より

完全自動で話題

　八戸市番町に東北では仙台、福島両市に次いで三番目という完全自動ドライクリーナーがお目見えし、話題となっている。

　この完全自動せんたく機は米国製で一台五百万円ナリ。受け付けと仕上げの手間がいるだけで一回の収容重量が三・七五キロまで（背広上下三着分）。丸窓からせんたく物を入れ、メダルを落とすと機械が始動、せんたく、排液、しぼり、乾燥、脱臭と続いて三十八分四十秒ででき上がり。

　料金の方は七百円。そのまま着がえるなり持ち帰るなりすればよく、買い物かごを下げた奥さん方やサラリーマンなどがお得意さんだ。

＊昭和39（1964）年8月15日付

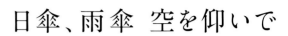
日傘、雨傘 空を仰いで

昭和 28（1953）年6月／八戸市
梅雨にけぶる放課後、家路に就く八戸小学校の児童たち。雨だからと
いって迎えに来る親の姿はないが、あえて水たまりの中を行く子どもたちは
至って元気だ

昭和 29（1954）年5月／八戸市
絵日傘を差して風鈴を見上げる少女。「風かおるころ」と題して
掲載された絵解きの一枚だが、初夏を演出しようとしたカメラマ
ンの苦労のほどが見て取れる

■ 雨の歌

　「日本は雨の国である」と言った人がいる。事実、雨量
の多いことでは世界の国々に引けを取らない。年平均の降
水量は約 1800 ミリで、世界の平均量の約2倍。それだけ
雨水の恵みにあずかっていることになる。

　それはまた、雨にちなんだ多彩な言葉や、これを仲立ちと
した多くの詩歌を生んできたことでもうかがい知ることができ
るが、歌謡曲となると話は少し違ってくる。一般的には「そぼ降る」
雨で、時間帯は「夜」。それも「つれない」「心に染みる」「す
すり泣く」雨であり、どこか孤独や悲しみに包まれている。そし
て男女の仲は「涙」や「別れ」に直結する、というパター
ンが多い。

　歌詞の中に出てくるそんな雨は、調べるのが困難なほど
多いが、雨を冠した曲名だけでもかなりの数に上る。戦前
では「城ヶ島の雨」や「雨のブルース」。戦後の昭和
30 年代には「アカシアの雨がやむとき」や「雨に咲く花」
があり、40 年代に入ってからは「雨のバラード」「長崎
は今日も雨だった」「雨の御堂筋」などがヒットした。

　また、50 年代の「雨の慕情」などは耳慣れた近年の
歌といえるが、そのものずばり「雨」というタイトルも複数あ
るから、人それぞれの年代によって受け止め方も異なる。

　「歌は世につれ…」とはよくいったもの。雨もまた歌の世
界になくてはならぬ主題の一つとして時代相を映す。

昭和29（1954）年6月／八戸市
雨が降れば一夜で水浸しとなった類家地区。当時は用水路が未整備で
あったことから、水害常襲地帯が市内のあちこちにあった

昭和34（1959）年12月／八戸市
湊小学校に贈られた児童用の雨傘。にわか雨などの場合に困ることを
聞いた地区の人が100本を寄贈して喜ばれた、と本紙は伝えている

本紙より

夏のアクセサリー

　冷害が予想されるような不順な天候があがったと思ったら、もう街は一足とびに初夏の陽ざしがあふれた。ついこのあいだまではスプリングコートを着用していた若い人たちは、ほとんどが軽快な服装に衣更えしてしまった。

　若い女の人たちが季節に敏感だというならば、商店街は季節に先行する。夏場にはすでにサマー用の服地やら洋品類がところせまいほど陳列されている。

　パラソル売り場は人気がある。ざん新なデザインと色彩がお客さんの心理をたくみにつかみ、あれこれと物色する客足は日がな一日切れることがない。とくにきのうは土曜日のせいか、勤め帰りの娘さんたちでなかなかの混雑ぶりだった。

＊昭和30（1955）年6月5日付

ファッションショー 洋装化は流行とともに

昭和28（1953）年10月／八戸市
本社主催で開いたNDC（日本デザイナークラブ）のファッションショー。
中央の一流デザイナーによる秋冬コレクションとあって人気を集めた。
八戸東宝劇場にて

8頭身

　女性にとって最も美しいプロポーションとされる8頭身。理想の体形をいう、この8頭身なる言葉が、美人の基準として大いにもてはやされ、流行語にもなったのは昭和28（1953）年のことである。

　この年、ファッションモデルの伊東絹子がミス・ユニバース日本代表となり、世界大会において堂々の3位入賞を果たす。欧米の女性と比べて遜色のないスタイル。そんな彼女を形容して生まれたのが8頭身という言葉だった。

　それはまた日本人の肉体コンプレックスを和らげるクッションの役割を果たすことになったほか、格好の話題として報じられた背景には敗戦、占領下を経て独立の第一歩を踏み出したばかりの日本にとって、国際舞台で存在感を示すことができ

たという意味合いもあった。

　頭部が身長の8分の1という比率は古代ギリシャの彫像に由来するそうだが、理想と現実は別物。身長164センチの伊東もせいぜい7.5頭身だったというから、8頭身には満たなかった。

　とはいえ、すさまじきは美に対する女性たちの執念。背丈はどうにもならぬとしても、顔を小さく見せたいとの思いは翌年流行したショートヘアの「ヘプバーンカット」で最高潮に達する。

　なお職業としてのファッションモデルがお目見えするのは26（1951）年。新聞社募集の組織体であったが、そのメンバーの中には、先の伊東と共に三戸町出身の森貝光子もいた。

昭和32（1957）年2月／八戸市
八戸文化服装学院によるコスチュームショー。中央のモデルを含む10人が花嫁衣装から普段着まで十数点を披露した。八戸小学校にて

昭和31（1956）年11月／八戸市
実用とおしゃれ感覚を生かした農村着ショー。日常の生活改善に
取り組む田面木青年学級のメンバーが研究発表会の併催行事
として企画した。田面木小学校にて

昭和34（1959）年3月／八戸市
〝貴女のシルエットをより美しく〟と銘打った肌着ショーの一こま。
本紙は「値段はさておいて、観衆はただもうウットリ」と伝えて
いる。丸美屋デパートにて

本紙より

ただ讃嘆の吐息

八戸文化服装学院では創立五周年を記念してファッション・ショウを五、六の両日開いている。何せ八戸では初のショウだけに市内のお嬢さん達がワンサと押しかけ、中には洋裁屋さんや殿方もチラホラ見られ、会場はぎっしりの賑やかさ。

レコードのリズムに乗って通学服、運動服、子供服、ハウスドレス、エプロン、ストリートドレスなどを同院の生徒たちが巧みに着こなして現れると、会場のアチコチに讃嘆の吐息がもれる。

第二部はサンドレスからはじまり、和服をモチーフにしたデザインやイヴニングドレスなどの披露があり、初のファッション・ショウとしては非常な人気を呼んでいる。

＊昭和27（1952）年7月6日付

八戸せんべい

飾らない優しい味わい

昭和34（1959）年1月／八戸市
せんべい作りは利の薄い商売。戦後間もなく決められた価格が
人件費の高騰などで限界に達したのは30年代の半ば。それで
も卸で10枚10円前後だった

昭和32（1957）年2月／八戸市
せんべいの焼き型作りに打ち込む宮本一雄さん。祖父・万次郎、
父・万之亟と続く型作りの3代目。型の表面に代々〝菊水〟の
模様を使った宮本家は刀鍛冶の流れをくむ

▌素朴な味

　いつ口にしても飾らぬ優しさと郷愁のようなものを感じさせてくれる八戸せんべい。南部地方という厳しい風土の中で育まれた菓子類の一つだが、その味を言葉にして表すとなると思いの外、難しいものだ。

　明治時代にはこんな表現が見られる。＜風味淡白にして香ばしく、高尚にして嫌味なく、喫し続くるに従ひ得も言はれぬ妙味ありて飽かず＞。簡にして要を得た説明、八戸せんべいの魅力を過不足なく伝えている。

　現代文ならさしずめ、癖のない淡白な味、程よい香ばしさ、かむほどに味わいが増す飽きのこない名産品、とでもなろうか。これにぱりっとした歯触りとか、素朴でほのかな甘味などという文言が加われば、さらに丁寧な説明となる。

　そんな八戸せんべいをこよなく愛した一人に、彫刻家で詩人の高村光太郎がいる。戦後、岩手県花巻市の郊外に居を構えた光太郎はこんな一文を残す。＜私は茶が好きなので毎朝ゐろりに火を起こして湯を沸かすとまづ第一に茶をいれる。抹茶をもらった時は茶をたてる。東北に八戸せんべいという安価なせんべいがあって、これが茶に極めていい。利休に食わしたら喜ぶだらうと思ってゐる＞

　光太郎の手による十和田湖畔の「乙女の像」が完成するのは、その3年後のことだが、いずれにせよ八戸せんべいの持つ控えめな自己主張は、この地方の風土と一脈通じるものがある。

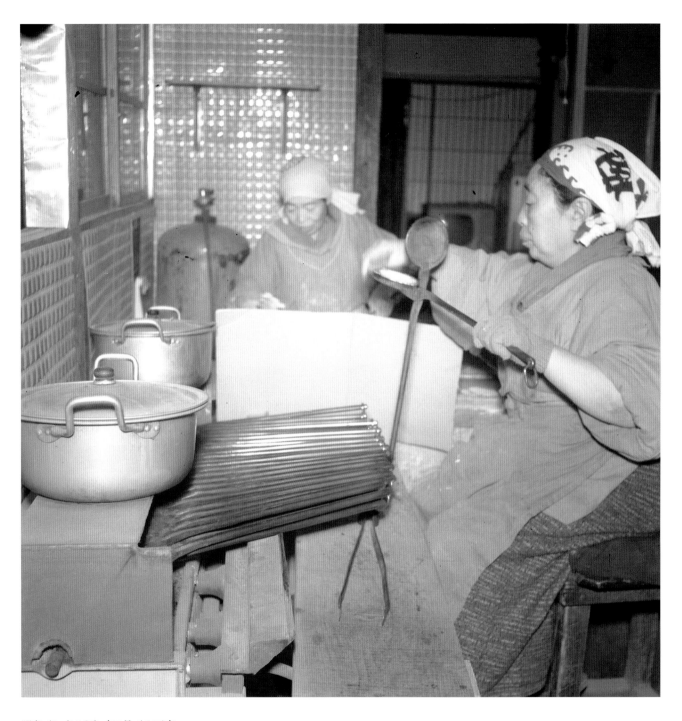

昭和40（1965）年5月／八戸市
家内工業の側面が強いせんべい作り。戦後、機械化・動力化が
進む一方で手焼きは廃れ、この当時は5、6軒に減っていた

昭和32（1957）年10月／八戸市
南極の越冬隊に向けて発送される八戸せんべい。丸美屋デパートが
窓口となり、イカの塩辛と共に納品したもので、せんべいは一枚一枚
念入りに焼かれた、と本紙は伝えている

本紙より

名物の伝統を守れ

　〝噛めば噛むほど味が出る〟といわれている名物八戸せんべいに危機が訪れ、このまま放置すれば八戸から名物の王座が消え去るのではないかと心配され、業者はもとより八戸市、八戸商工会議所、県なども八戸せんべいを守る対策をすすめている。

　その主なる原因は業者が倍も増えたが、売先は八戸地方だけに限定されていること、国、県税が重くて納税に四苦八苦だということ、せんべいに代るような菓子類が多く出回っていることなどがあげられている。

　業者の中には廃業を望む声もあるので、せんべい組合では〝八戸名物を守るためにがんばろうではないか〟と互いに激励し合っていると訴えは切実である。

＊昭和27（1952）年12月12日付

干す

風土に根付いた保存食

昭和 26（1951）年 11 月／八戸市
晩秋の柔らかな日差しを浴びながらの大根干し作業。家族の人数に
合わせて作る漬物は、長い冬を乗り切るための大切な保存食。淡黄
色にしわむまでの間は霜に注意する必要があった。糠塚地区にて

▌食用菊

<蝶（ちょう）も来て酢を吸ふ菊の酢和（あ）へかな>

生涯を旅に過ごした俳人・松尾芭蕉の一句。元禄4（1691）年の作というから、時に48歳。広く知られる「奥の細道」の旅から2年後のことだが、この句が特別な意味を持つのは食用としての菊の存在。文芸作品上では最も古いともいわれ、芭蕉も食用菊の歴史にその名を刻むことになろうとは思ってもみなかったに違いない。

場所は現在の滋賀県大津市。雄大な琵琶湖を眺めながらの風流人の集いの席であったが、芭蕉の目の前には「野菜八珍」と称する料理が並ぶ。菊の酢の物はそのうちの一品。乙な味、よほど気に入ったらしく、「香ばしかった」とも述べている。

同じ俳人でも小林一茶は<汁鍋にむしり込（こん）だり菊の花>という句を残す。文化10（1813）年、51歳のときの作だが、そこから見えてくるのは菊を使った身近な料理と穏やかな暮らしぶり。それもそのはず、親族との対立から解放された一茶は故郷（長野県信濃町）への定住が許されたからでもあった。

芭蕉も一茶も口にした菊の花。どのような種類であったものか判然としないが、八戸では天明2（1782）年に菊のかす漬けを江戸に送ったという藩の記録がある。食べるといっても、元は観賞用の菊。改良を加えて定着を図った先人の努力のほどがしのばれる。

昭和32（1957）年12月／福地村（現南部町）
干し芋作りに精を出す農家の主婦。ふかしたサツマイモを切ってわら縄に通し、軒下につるして乾燥させる。白い粉のふいた干し芋は真冬の味覚として人気があった

昭和31（1956）年11月／八戸市
農家の軒先を彩る干し柿のカーテン。渋柿の皮をむき、竹串に
刺して乾燥させる干し柿は、寒ければ寒いほど甘味を増すとい
われる。是川地区にて

昭和31（1956）年11月／南部村（現南部町）
干し菊作りに追われる農家。摘み取った菊の花を蒸し上げ、こもや
むしろに載せて乾燥させる。青森県南地方の特産品として名高い。
相内地区にて

本紙より

秋のフィナーレ

　漬物のシーズンを迎えて、やわらかな晩秋の陽ざしのもとに大根がその白い肌をにぶく輝かせている。サラリーマンの庭先といわず、農家の畑といわずに見受けられる秋のフィナーレだ。

　梯子をのぼり手入れする乙女もすでに綿入れのチャンチャンコを着ている。ピッチリとしまった彼女の腕の健康さと、みごとに太った大根の白さ。季節はわびしいが、視覚に映る光景は明るい。

　やがてすんなりと適度に乾燥した大根が大きな樽に漬けこまれるころは、この地方にも初雪の薄粧いがみられるかも知れない。

＊昭和29（1954）年11月11日付

昭和37（1962）年10月／八戸市
イカ干しの風景。イカがふんだんに取れた30年代、浜通りから
小中野、江陽地区にかけての空き地という空き地は、その独特の
においと共にイカのカーテンで埋まった

昭和43（1968）年7月／八戸市
ひき昆布（すき昆布）作りは春から夏にかけての風物詩。鮫を
中心に加工場はあったが、昆布を刻む手間を省くため、30年
代半ばごろから専用のカッターが普及していく

▌烏賊

　頭に足の付いた奇妙な格好から「頭足類」という分類学
上の名を持ち、足（または腕）の数が10本であることから
十腕目に属す海の軟体動物の総称。学術的にいうとそうなる
のだが、何のことはないイカのこと。が、イカは必ずしも十腕と
限ったものでもないというから例外もあるようだが、魚と一線を
画すその姿と動きは、えたいの知れない生き物として扱われて
きた側面を持つ。

　イカは漢字で「柔魚」とも書くが、古来の用字は「烏賊」。
何とも理解に苦しむ表記だが、それについてはこんな話が伝
わる。イカが海面に浮かんでいると、カラスがやって来てつい
ばもうとする。するとイカはカラスに巻き付いて海中に引き入れ、
逆に餌食にする―。死んだふりをしてカラスを賊害するもの。

よって烏賊。中国の古書に出てくるその2文字を借用したとい
うのが真相のようだが、場当たり的といわれても仕方ない命
名だ。

　味はともかく、否定的でさげすみの対象とすらなっていた観
のあるイカ。和語としてのイカの語源は不明で、イカの干物
をなぜスルメというのかもはっきりしないそうだから、不当に扱っ
てきたことと無縁でないのかもしれない。

　イカがミナト八戸を象徴する存在となるのは戦後のことだが、
青森県内でイカ漁が本格的に始まるのは明治の半ば以降。
八戸におけるスルメの加工場は大正の半ばに端を発するとい
うから、その変貌ぶりに驚くほかない。

昭和 33（1958）年 12 月／八戸市
初冬の煮干し作り。天気の良い日は家族総出の作業。乾いた
イワシのうろこが太陽光で銀色に輝く。空き地いっぱいに広がる
その風景は「イワシのじゅうたん」と呼ばれた

昭和 35（1960）年 11 月／種市町（現洋野町）
干しアワビ作りに追われる人たち。干し柿のようにつるしてカラカラに
なるまで乾燥させた、べっ甲色の特産品は主に中国料理の材料と
して輸出された。小子内浜にて

本紙より

干しアワビ最盛期

　九戸郡種市町小子内浜は、いま干しアワビ作りの最盛期。ことしはチリ津波や
シケ続きで不漁が心配されていたが、口あけの結果はそれほどでもなく、去年よ
りやや繁殖がよく順調に水揚げされている。とくに、ことしは地元八木港でのサ
バ、イカ漁ともに不漁で、漁民たちは正月の支たくも満足にできぬと嘆いていたが、
それに代わるアワビ漁に恵まれ、やっと明るさを取りもどした。

　小子内浜から水揚げされた生アワビは、十キロ当たり三千四百三十円前後で去
年より二、三百円高値。さらに、干しアワビに加工すれば一個百円以上にもなり、
香港、シンガポールに輸出されるので、漁民はじめ加工業者はサバ、イカの不漁
をこれで取り戻そうと、干しアワビの加工と真剣に取り組んでいる。

＊昭和 35（1960）年 11 月 30 日付

手わざ

自然の素材生かす知恵

昭和32（1957）年8月／福地村（現南部町）
ほうき作りの合間の一服。秋の刈り入れ前の副業として手掛ける
農家が多く、スミスゴ作りと共に貴重な現金収入源であった

昭和35（1960）年1月／階上村（現階上町）
スミスゴを編む農家の主婦。材料は主にカヤ。道具は
「スゴ編み台」と呼ばれた。炭焼きが盛んだったころ
は梱包（こんぽう）用として広く使われた

■ わらの恩恵

　コメ作りの過程で生じる副産物としての稲わら。今でこそ技術の進歩や生活様式の変化に伴い、その必要性を感じることはなくなってしまったが、かつては日常生活に欠くことのできないものとして重要視され、無駄なく利用する知恵と工夫が脈々と受け継がれてきた。

　副産物とはいえ、わらで得られるものはあまりにも多く、列挙するだけでもたちまち紙数を費やしてしまうが、昭和30（1955）年ごろまでの農家においてはわらをたたいて自家用の縄をない、俵や叭（かます）、こも、むしろなどを編んだりすることは、ごく普通の光景であった。

　みの（けら）、背中当て、手袋、わらじ、草履、わら靴、わらつと、わら布団、幼児を入れるかご（エンツコ）、畳の床、円座、わら人形、しめ縄…。

　また、わらで屋根をふいたり、刻んで壁土に交ぜたり、樹木などを寒気から守るわら囲いにも活用。さらには家畜の飼料や畜舎の敷きわらになったし、加熱・暖房用の燃料として使えば、そのわら灰は肥料となった。

　それだけ日々の暮らしの中に深く入り込んでいたわらの存在も、農業の近代化とともに大きく変化。芸術的価値を念頭に置く一部のわら工品を除いて、伝統の技術を生かす道は極端に狭められてしまった。手わざとは手業、すなわち手仕事のことだが、わら本来の持つしなやかさと温もりを知る世代もまた少なくなりつつある。

昭和 36（1961）年5月／八戸市
水揚げ用のかご編みに精を出す浜通りの専門業者。100 キロ以上もの
重量に耐えるだけの材料カラタケは栃木から移入。本紙は中型トロール
船のかごの場合、1個千円が相場と伝えている

昭和35（1960）年1月／五戸町
蛯川地区に受け継がれてきた五戸バオリの製作。イグサで作った
かぶりものだが、広いつばの曲線がなだらかで美しく、農作業など
に従事する女性たちに愛用された

本紙より

炭スゴ積み出し

八戸地方の市街地を離れた農村地域では、いま炭スゴの積み出しが盛んだ。

農作業の一段落した晩秋から夜の長い冬の間、たんねんに編みあげておいたもので、最近生産が少なくなったとはいっても、雑穀を主体とする低位生産の寒冷地畑作地帯の農家にとっては農閑期の大切な副業。まだまだ夜おそくまでスゴ編みの音は絶えない。

最近は木炭の生産がぐんと減った半面、出荷野菜の包装用として静岡あたりへの移出が急に伸びてきている。

荷台にいっぱい積み上げた炭スゴ運びの車が狭い村道をゆっくり進んでいくこのごろ—みちのくのおそい春ももうそこまできている。

＊昭和36（1961）年3月5日付

IV　歳時・農事

花見

心浮き立つ桜花の下で

昭和31（1956）年5月／八戸市
花見の宴に酒は付きもの。飲めば歌や踊りが飛び出すのは自然の
成り行きだ。が、よく見れば、ござの上に酒瓶もごちそうもない。周
囲に笑いがないのもそのせいか。長者山の馬場にて

昭和 30（1955）年4月／八戸市
桜まつりは春の一大イベント。わけても出店などが軒を連ねる
主会場の三八城公園は多くの人でごった返した。特設舞台
で繰り広げられる多彩な催しも呼び物の一つで人気があった

▌カンゴウカイ

　北国の春は待ったなしにやって来る。大地に根差す草木の命が空に向かって一斉に吹き出し、あでやかな色を競い合うさまは圧巻だ。ウメ、モモ、コブシなどまさに百花繚乱（りょうらん）の観を呈すが、日本人の美意識と結び付いたサクラだけは別格で、花の中の花として、その頂点に立ち続けてきた。

　日常を忘れて遊び楽しむ花見の習わし。今では「桜まつり」や「春まつり」の名称が一般的だが、戦前から戦後の一時期まではなべて「観桜会」といった。ただし、この地方では「カンオウカイ」でなく、多くの人が「カンゴウカイ」とか「カンゴーカイ」と呼んできた。

　八戸市でその主会場を担ってきたのは三八城公園。期間

中ともなれば普段静かな公園も祝祭空間と化し、八戸小学校の付近から三八城神社の参道にかけて綿あめ、ゴム風船、お面、果てはカメやヒヨコ売りなど多種多様な露店がびっしりと並んだものだった。

　神社の境内にはサーカスや見世物小屋が掛かって呼び込みの声が飛び交い、広場に設けられた特設の舞台では芸達者による歌や踊りのオンパレード。その周囲には仮設の飲食店が軒を連ね、しょうゆ仕立てのうまそうな匂いを漂わせて行き交う人の食欲をそそった。

　長い冬から解放された人々にとって心浮き立つのは無理からぬところ。観桜会は花のみにあらずして、お祭り気分にあふれていた。

昭和27（1952）年4月／八戸市
三日町と八日町の間に設けられた観桜会のアーチ。その先端部に
見える二つの日の丸は講和条約発効を祝してのものだが、「全市連
合大賣出し」の文字に商魂もにじむ

昭和37（1962）年5月／八戸市
花吹雪の下で巡ってきた春を思い思いに満喫する行楽客。当時の
交通手段はもっぱらバス。臨時の便を繰り出して対応することもあっ
た。金吹沢公園にて

本紙より

観桜会の幕開く

　なごやかに頬に吹き寄せる春風がハラハラと赤き血汐と見まがう花びらの一しきり二しきり散り行く下を、今を春と着飾れる人達の引きも切らさず続き、暖かな日差しはひねもす柔かに降り注ぎ、今や八戸市は花の盛りである。

　いつ花が咲き、いつそれとなく散って行ったか、この三、四年来、人々の心は戦争のため、あわただしさの中に過して来たが、幸にめぐり来た平和のため、静かにゆったりとした気持を以て今年も咲いた桜花を楽しむ事が出来る事となった。

　八戸市に於ては五日から十日迄を観桜会の期間として三八城公園、長者山の二会場をあて、盛り沢山の行事を織り込んで、いやが上にも花見の気分を横溢（おういつ）させている。

＊昭和21（1946）年5月7日付

春耕

様変わりした水田風景

昭和32（1957）年4月／八戸市
本田の耕起。田打ち（田起こし）とも呼ばれ、田植え前の大事な
作業。4本爪の唐グワで刈り株を掘り返していく機械化以前の作
業は労力を要した

昭和36（1961）年5月／八戸市
ハンドトラクター（小型耕運機）による代かき。農村社会に大きな
インパクトを与えることになった耕運作業の動力化。30年代半ばご
ろから急速に普及していく

▌機 械 化 農 業

　農業の基軸として目覚ましい発展を遂げてきた日本の稲作。とりわけ戦後は食糧難という危機的状況からのスタートだったが、昭和30年代半ばにはともかく自給できるまでに回復、さらにその10年後には余剰問題が生じて減反政策が始まることになる。

　この飛躍的な収量の向上を可能にした要因はさまざまあるが、農地改革や土地改良といった政策的な面を別にすれば、技術的な面によるところが何といっても大きい。具体的には「藤坂五号」に代表される耐冷品種の開発や苗代技術の改良、農薬・肥料の大量投入などがあり、各種農業機械の普及は労働時間を大幅に短縮させることとなった。

　機械化の先陣を切ったのは耕運機。それまでは人力や畜力に頼るしかなかった耕起から代かきに至る田植え前の一連の作業を一気に省力化、農村地帯から馬の姿が消えていくことになった。さらには除草剤の散布機やコンバイン、田植え機なども相次いで登場、省力化に拍車を掛けていく。

　30年代から40年代にかけてのこうした機械化の波は、農家の借入金を増やして経営を圧迫。多くの出稼ぎ者を都会に向けて送り出すことにもなった。その一方で、農村部における共同体の意識も変化、旧来の儀礼習俗も根本的な意味を失うこととなった。

　この間の得たものと失ったもの。その落差はあまりにも大きい。

昭和30（1955）年5月／八戸市
水田の馬耕。夫婦が愛馬に心を通わせながらの作業。機械が
導入される以前は馬産地として知られた南部地方でごく普通に見
られた

昭和29（1954）年4月／八戸市
保温折衷苗代の油紙掛け作業。被覆材はその後、ビニールなどに
替わっていくが、それまでの水苗代に比べて健苗の育成を可能にし、
田植え時期を早めることとなった

本紙より

もうすぐ田植え

　今年も田圃の土起しがはじまった。与えた肥料をムダなく吸収するための土壌を作るためには、手マメに根気強く土起しをやるよりほかない。

　五月に入って強風の日が多かったものの、初夏を思わせるような暑い天気がつづいたおかげで、県南地方の土起し作業も去年より七日から十日ほど早く最盛期に入り、いまたけなわ。

　土にいそしむ農夫の日焼けした顔には、ひとりでにほほえみが浮かんでくる。

＊昭和31（1956）年5月15日付

田植えのころ

苗一株一株に心込めて

昭和39（1964）年5月／八戸市
田植え定規を使って、ひと差しひと差し等間隔に植えていく農家の
人たち。腰を伸ばすことのできない機械化以前の作業はつらく、人
手も要した。市川地区にて

昭和38（1963）年5月／五戸町
共同作業による田植え風景。手植えの時代は一年のうちで最も
忙しい時期。何軒かの家同士が順番を決めて労働力を集約、
作業の効率化を図った。岩ノ脇地区にて

▌手植え時代

　「五月女に秋男」ということわざがある。田植えをするときの
女手と、稲刈りのための男手。そのどちらも欠くことのできない
人手を意味し、農家の忙しい時期をいう。

　苗代で育てた稲の苗を代かきの済んだ水田に移し植える
田植えは、コメ作りに懸ける農家にとって、とりわけ大事な作
業。かつては陰暦5月に行っていたので田植を「ゴガツ」、
その準備を「ゴガツシタク」といったりもした。

　手植え時代の作業は何より人手の確保が先決。このため、
何軒かの家が互いに力を貸し合うユイ（結）を組んだり、
地縁・血縁関係で結ばれた家同士が共同作業を行う必要
があった。

　一家総出となる当日は、朝まだ暗いうちから日が暮れて辺
りが見えなくなるまでの作業。それぞれ役割分担もあったが、
泥田に腰をかがめて苗を植えていく過酷な労働は女性が
担った。また、戦後の一時期までは農繁休校（田植え休み）
があり、子どもたちも手伝うことが当たり前のごとく思われていた。

　田植え機が普及するのは昭和40年代の半ばごろからだ
が、今やGPS（全地球測位システム）といって、人工衛星
からの信号を使った無人の田植え機が出を待つというから技
術の進歩はとどまるところを知らない。

　水田に響くのはエンジン音だけ。人手はオペレーターだけ
で事足りるという便利さは分かるが、どこか寂しい。

昭和 27（1952）年6月／八戸市
コビリを取る農家の主婦たち。コビリはコヒル（小昼）の転化で、
昼食を挟んで午前と午後に食する2回の間食。それだけ重労働で
あったことを物語る。城下地区にて

昭和36（1961）年5月／南郷村（現八戸市）
共同田植えの青空食事。農作業の合理化対策としてスタートした
共同田植えと共同炊事は、人手と時間を節約できるという大きなメリッ
トがあった。上門前集落にて

本紙より

楽しい野良の饗宴

　毎年のことながら全く忙しかった田植えも、陰気な風と雨に身もスクむ本格的
な梅雨が訪れる前に植え終りそうだ。
　一日に〝一升飯〟を食うのも田植えの仕事のころ。普通三食のほかに午前九時
と午後四時ごろ、赤飯かトリメシに、おかずはニンジン、ゴボウ、コンニャクに
イモ、油揚げ、豆腐の煮つけ、田楽豆腐そして身欠ニシンに田植え酒。これがな
ければ田植えができない。あぜに腰をおろして田圃を見渡しながらジックリと食
べるときがあるからこそ、忙しい田植えも楽しく片づいてしまうのだ。ホーイ、ホー
イとあぜからあぜへと呼び声が流れて行く。そしていま楽しい野良の饗宴…コビ
リが振舞われているのだ。

＊昭和31（1956）年5月15日付

神明宮 (八戸) のおさかり

宵宮のはしり 浴衣姿も

昭和36（1961）年6月／八戸市
参拝人でにぎわう神明宮の茅の輪祭り。八戸地方の人たちは
古くから神明宮のことを「シンメイさま」と呼び、祭礼のことを「お
さかり」といって、その夏はしりとなる宵宮を楽しんできた

サクランボ

　食べ物やにおいが過去の記憶を呼び起こすという事例は少なくないが、6〜7月の八戸地方についていえば、サクランボと聞いて神明宮のおさかり（祭礼）を思い浮かべる人も多いのではないだろうか。

　サクランボがちょうど出盛りだから、おさかりに付きものの露店には赤や黄色のみずみずしい初夏の味覚が山と盛られ、その日を待って食べることを習わしにしている人もいるほどだ。

　ヨーロッパおよび西アジア原産のサクランボは冷涼な気候を好む。日本に入ってきたのは明治の初めというから、多くの人が口にするようになってからの歳月はそう長くはない。が、栽培に手間がかかることなどから、近年は高級品のイメージも付きまとう。

　神明宮の宵宮でいつごろから売られるようになったものかはっきりしないが、八戸市出身の作家・三浦哲郎さんの著『笹舟日記』の中に「サクランボを食べながら」という一編がある。中心街の三日町で育った三浦さんが子どものころに見たサクランボを売る露店の思い出。にぎわう様子が丁寧に書かれてあって、印象深い作品となっている。

　梅雨時と重なるサクランボの旬は短い。店頭に顔を見せたかと思うと、いつの間にか姿を消している。光沢のある果皮、繊細な美しさを秘めた愛らしいサクランボは、どこか遠い日の記憶と結び付く。

昭和44（1969）年7月／八戸市
社前にしつらえられた茅の輪をくぐり、身のけがれや災禍などをはらう参拝人。その際、カヤをちぎって体をこすると病気にならないといわれ、お守りにする人もいる

昭和30（1955）年6月／八戸市
境内には昔ながらの露店が立ち並び、つかの間の祭礼に彩りを
添える。綿あめ、金魚、おもちゃなどのほか、当時はカメコ焼きも
売られていて子どもたちに人気があった

昭和42（1967）年6月／八戸市
おさかりの様子は時代とともに変わった。が、神楽殿で行われる
古式にのっとった里神楽の奉納は、いつに変わらぬ神事の一つ。
地元有志の手によって永々と守られてきた

本紙より

〝シンメイさま〟

　〝シンメイさま〟として親しまれている八戸市二十六日町の神明宮例祭がきのう
三十日の前夜祭で幕をあけ、〝ちのわ（茅の輪）〟をくぐる市民で深夜までにぎわっ
た。
　六月みそか（晦日）はなごしのはらい（夏越の祓）とも言われ、夏の疫病をは
らうために行われてきた行事で、同宮の拝殿にかかげられた〝ちのわ〟を「この
夏も無事であるように」との願いをこめて多くの市民がくぐっていた。
　境内には昔ながらの夜店がいっぱい。季節のイチゴ、サクランボのほか綿アメ
売りや昔なつかしいカメコヤキの店が並び、付近の商店はシンメイさまのまつり
を当て込んだ売り出しをするなど、最近にないにぎわいをみせていた。

＊昭和37（1962）年7月1日付

八戸七夕まつり　街並み華やか　五色の飾り

昭和33（1958）年8月／八戸市
七夕飾りは日が暮れてからその魅力を一段と発揮する。30年代に
入ると花火大会をはじめとする併催行事も充実、夏の風物詩として
欠かせぬ行事となっていく。三日町にて

▎三栄会の心意気

八戸市の中心街を華やかに彩る七夕まつり。今では夏の風物詩としてすっかり定着、夜ともなれば浴衣姿の家族連れなどでにぎわう行事となっているが、その原点は昭和27（1952）年にさかのぼる。

「夏枯れといってしまえばそれまでだが、近ごろの沈滞しがちな商店界の空気を一掃しようと、話が盛り上って来て町内（三日町銀座三栄会）でタナバタまつりをやろうということになった」

期間は7月10日から5日間。「銀座七夕まつり」と銘打ってのことだったが、仕掛け人の一人、月舘宇右衛門氏は当時、本紙上でそう述べている。

手本にしたのは観光行事として一歩も二歩も先を行く仙台の七夕。前年末には隣接する十三日町に丸美屋デパートがオープンしていたことから、このままでは埋没してしまうという危機意識もあった。けれども準備万端とはいかなかったようで、こんな反省の弁も見られる。

「話が急だったので他の町内との連絡もとれず、期日を新暦に選んだことなどにも問題があろうが、まずこれをテスト・ケースとして来年は各方面の声を聞き、市の繁栄策としても本気に考えてもらって、立派な年中行事にまで持ってゆきたい」

かくして七夕まつりは翌年から商工会議所の音頭で全市的な広がりを見せていくが、そこには活性化に寄せる三栄会の熱い思いと、市内の商業界をリードしてきたという自負心ものぞく。

昭和27（1952）年8月／八戸市
初めての七夕まつり開催に向け、飾り付け作業に追われる三日町
銀座三栄会の関係者。ヒントにしたのは仙台の七夕、戦前の夜
店を継承する意味もあった

昭和 28（1953）年8月／八戸市
八戸商工会議所が音頭を取って開いた1回目の八戸七夕まつり。
人々の暮らしに少しずつゆとりが生まれていたころ。買い物がてらの
女性の服装にも解放感がみなぎる。三日町にて

昭和 38（1963）年7月／八戸市
各商店が趣向を凝らして飾り付けた青竹がしなる中、そぞろ歩く
夕涼みの人たち。この年は直前に新産業都市指定という朗報
を受け、祝賀ムードにあふれた。長横町にて

本紙より

豪華に飾り付け

　八戸商工会議所主催、市観光協会後援の八戸七夕祭りは六、七、八の三日間行われるが、堀端町のロータリーに六尺もあるくす玉を飾るほか、市内商店街ではそれぞれの趣向をこらした飾り付けに大童（おおわらわ）である。

　また、八戸駅前には合同酒精提供の大七夕竹が飾られるが、すでに七夕祭りの本場仙台から材料が貨車で運び込まれ、飾り付けの本職人により作られ、五日ごろまでには市民へお目見得する。

　そのほか尻内、陸奥湊、八戸各駅のホームも児童七夕作品で装飾される。なお七日夜七時から花火大会が開かれる。

＊昭和 29（1954）年8月5日付

八戸三社大祭　歴史と伝統受け継いで

昭和28（1953）年9月／八戸市
ツケマツリ（附祭）として発達した八戸三社大祭の山車。祭りの日程が
8月に繰り上がる34（1959）年までは、哀調を帯びた笛の音が初秋
の空に響いた。写真は下大工町の「福恵比須」

昭和26（1951）年8月／八戸市
八戸観光協会がPR用に作製した初のポスター。当時の本紙は
「図柄は緑の地色にきれいな祭風俗のねえさんをあしらったもので、
最初の計画としてはまずまず」と報じている

見番屋台

　いくつになっても祭りは楽しいものだ。街のあちこちから笛や太鼓の音色が流れてくると、もういけない。理屈抜きに心が浮き立ち、熱い思いがぐっと込み上げてくる。そして遠い日の記憶まで呼び起こすかのような懐かしさをまとって胸底に響いたりもする。

　＜私はほかの子供と同じようにお祭り、つまり三社の大祭が大好きであった。ところがこれは絶対に秘密だが、一番好きなのは行列の最後について来る芸者の屋台であった。子供の頃屋台の最前部に座り、「アオー」と言いながら鼓を打つ女性に恋し、ひそかに屋台を追いかけたことがある＞

　生まれ育った地の祭りに対する思い出は人それぞれだが、

八戸市の番町で少年時代を過ごした松下正寿の何ともほほ笑ましい記憶。立教大学の総長だった昭和41（1966）年、本社の刊行物に寄せた随筆の一節だ。

　祭りという非日常的な空間は、子どもたちにとって大人の世界に触れる数少ない機会。人混みにもまれて身動きができず、それでも胸を弾ませながら目に焼き付けたであろう正寿少年の淡いときめきが伝わってくる。

　行列の最後を締めくくる、その芸者（見番）屋台が姿を消すのは30年代の末。高度成長に伴う時代の変化と言ってしまえばそれまでだが、それはまた小中野の地に長く根付いてきた花柳界の幕引きを象徴する出来事ともなった。

昭和31（1956）年9月／八戸市
数キロに及ぶ行列の最後を飾る華屋台。「見番屋台」とも称し、
戦後は小中野見番の芸者衆が三味線や鼓などを奏でながら手
踊りを演じ、独特の情緒を醸して人気があった

昭和27（1952）年9月／八戸市
メーンイベントの「お通り」で目抜き通りを練り歩く靇（おがみ）神社の
行列。ほら貝や神楽などに代表される山伏的雰囲気が特徴とされ、藩
政期以降、脈々と受け継がれてきた

本紙より

景気のよいリズム

〝インフレも空腹も忘れっちまえ〟

　ドンドコタイコが景気のよいリズムとなって市民をむしょうに浮かれさせる八戸三社祭りもきょう一日だけ。いくら新しがっても、おみこし様に柏手をうつハイヒール嬢だって民族感情は理屈じゃない。山車のめ組の喧嘩も、武者押し行列だって日本人の血の中を流れ生きている歴史なんだから…。

　ヤレヤレテロテロ、ドドンドドン、復古精神はまた新しい民族の創造につらなってるんだよとテロテロ笛やドンドコタイコは再建調で鳴る鳴る。

＊昭和22（1947）年9月3日付

173

昭和29（1954）年9月／八戸市
多くの見物客に取り囲まれながら出を待つ山車。戦後は21（1946）年に
復活、8台でのスタートだったが年ごとに増え、この年は15台が参加した。
写真は新荒町の「三人石橋」

昭和35（1960）年8月／八戸市
「お還（かえ）り」の行列。八戸三社大祭はこの年から会期を
繰り上げ、8月開催に踏み切ることになった。照り付ける夏の日差
しを避けようと日傘を手に見物する人の姿が目立つ

▌歴史の重み

　八戸三社大祭は享保6（1721）年の7月19日、法霊社のみこしが長者山の三社堂へ渡御したことに始まるという。

　寛文4（1664）年の八戸藩創設から57年後のことだが、その背景には北国領民の豊作に寄せる願いと、城下に繰り出す多くの人たちを受け入れる町方のパワー、すなわち商業活動の進展があった。

　時の藩主は4代南部広信公。江戸には8代将軍徳川吉宗がいて、倹約令をはじめとする数々の改革を断行、町奉行であった大岡忠相もまた吉宗の後ろ盾を得て民生の安定に尽力、名判官としての評価を高めていた。

　そんな江戸中期に起源を持つ八戸の三社大祭。当初は行列を中心とする祭礼であったが、時代の流れとともに山車が加わるなどしてその形態を少しずつ変えながら今日に至った。けれども伝統を守り継ぐ誇りと心意気は今も昔も同じで、「不変」の2文字が貫く。

　「日本一の山車まつり」と銘打つ八戸三社大祭が国の重要無形民俗文化財の指定を受けたのは平成16（2004）年のことだが、これを機にその歴史的変遷などをまとめた出版物が目立って増えた。バラエティーに富む、そのいずれにも歴史の重みがずっしりと詰まる。

昭和 36（1961）年8月／八戸市
各町内が工夫を凝らして作り上げる山車は、見物客にとって
大いなる楽しみの一つ。このため沿道は少しでも良い場所で
見ようとする人たちで朝早くからごった返した

昭和42（1967）年8月／八戸市
「山車作りの陰にこの人あり」といわれた村井芳雲さん（本名・治兵衛）。
昭和元（1926）年から東京で彫刻を学び、戦後帰郷してからは日本
画家の父・芳流の跡を継いで数多くの人形や山車を手掛けた

本紙より

お祭りの雑踏から

　先頭を承った山車の音頭取りが審査員一同の前へくるや、いきなり山車から半身を乗り出し、噛みつくような大声で「いいか、よく聞いておけよ。この笛と太鼓が正調なんだぞッ」。例年、山車の審査では町内間でもしばしば闘志を燃やし過ぎるだけに、この若者のケンマクには審査員もタジタジ―。

　近在からの祭見物の人出で早朝から乗物という乗物は全部超満員。おかげで日ごろ全く見向きもされなかった乗合馬車は大繁昌。「こんな時でなければ馬車に乗る時はない」というお客さんの話を耳にしながら、馬車屋さんは盆と正月が一緒に来たようなエビス顔。

＊昭和29（1954）年9月2日付

お盆のころ
先祖のみ霊に心通わせ

昭和32（1957）年8月／八戸市
仏壇や墓前の供え物などを買い求める人たちでにぎわう湊町の
盆市。そこでは野菜、果物、菓子、花などお盆に関するあら
ゆるものを手に入れることができた

昭和31（1956）年8月／八戸市
新井田川の灯ろう流しの一こま。八戸港まつりの行事の一つでもあった
当時は、小中野見番の芸者衆が屋形船の上で踊りを披露、幻想的
な世界に花を添えて行く夏を惜しんだ

怪談の季節

　浴衣、うちわ、風鈴、すだれ、そうめん、スイカ、打ち水、つくばい…。蒸し暑くて不快な夏を上手に乗り切るための先人の知恵は衣食住の全般にわたるが、これに怪談を加えたとしても日本人なら違和感はない。それほど夏と怪奇物語は密接な関わりを持ち続けてきた。

　はるかかなたの昔から語り継がれてきた身のすくむような話の数々。見るなと言えば見たくなり、聞くなと言えば聞きたくなるのが人の常だが、怖いくせに耳をそばだてた子どものころの記憶を持つ人は少なくない。とりわけ冷房設備などなかった時代は、涼味を誘う夜話として大いにもてはやされたものだった。

　「東海道四谷怪談」など全国的に知られたものは別として、

本紙においても昭和20年代から40年代の初めごろまでは折に触れて八戸地方に伝わる怪談や体験談などを掲載。お盆のころに合わせて、せっせと紹介に努めている。

　岩渕かんこ、禅源寺の姫塚、帽子屋敷のキツネ、矢倉のお夏、田面木の呪い地、櫛引のおほの…。そんな一つ一つの話の内容については省くが、年配の方ならこれらの幾つかはきっと耳にしているはず。

　妖怪たちが元気で生き生きと語られた時代。土地の古老や住職らを交えた座談会なども紙面を飾ったものだが、現実の方がずっと怖いご時世となってからは、とんと出番がなくなってしまった。今となってはいとおしさが募る。

昭和 33（1958）年8月／八戸市
白銀地区の大久保集落に伝わる墓供養の念仏会。14 日の夜、
新仏のある檀家が中心となり、うちわを持って唱和しながら墓所を
巡拝する

昭和28（1953）年8月／八戸市
盆踊りは年に一度の共同娯楽。夜の更けるのも忘れて「おしまこ」を
踊る白銀地区の女性たち。大念仏から転化したものといわれ、手ぶり
足ぶりが郷愁を誘う

暗に映える迎え火

　きょう十三日から旧のお盆。精霊をお迎えする仏壇の果物も、もも一個十円、
青いお盆リンゴも露店に可愛い顔を並べているが之一個が十円、昔は色とりどり
の果物などを包んで川に流した精霊流しの懐かしい行事もコモ一枚が十円とあっ
ては今年のお盆は淋しいだろう。

　年に一度あけられる地獄の釜のふたの中から浮世にお帰りになった精霊さまも、
夜の町々の暗がりを照らす送り火、迎え火の煙りにむせられようが、街にも市民
の心にも伝統と情緒の灯は消えずにアカアカと灯ることだろう。

＊昭和22（1947）年8月13日付

稲刈りのころ

金色の穂に収穫の喜び

昭和 38（1963）年 10 月／福地村（現南部町）
晴れた日を選んでの稲刈り。鎌を使って根元の部分から刈り取る、
腰を折り曲げての作業はつらく、田植えに次ぐ重労働だった。福田
集落の共同水田にて

昭和 44（1969）年 10 月／六戸町
バインダーによる刈り取り作業。刈り取りと結束を同時にこなす
バインダーは 40（1965）年に入って急速に普及、農作業
のスピード化と省力化に威力を発揮した

▌米という字

　私たちの主食として日々お世話になり続けているコメ。漢字では「米」の字を当てマイ、ベイとも読むが、古くはコメのことをヨネともいっていたことから、今でも人名や地名にその読みを色濃く残す。また、メートルの単位を米で表したり、アメリカのことを米国とか亜米利加と表記したりするなど、コメ本来の意味を離れてさまざまな使われ方をしてきた。

　藤堂明保編の漢和辞典などによると、米の持つ本来の意味は「穀物の小さな粒」。その成り立ちは十印の四方に点々と散らばった小さな粒を描いた象形文字に由来し、目印が小さ過ぎてよく見えない状況から「迷」という字が生まれたのだという。

　米の字を分解すると八十八になることから出た言葉に米寿がある。米の字になぞらえた長寿の祝いとして、よく知られるところだ。稲の苗を植えてからコメにするまで 88 回もの手入れをすることによってようやく実る、との解釈もまたその数の大きさにちなむ。このほかにもコメにはすし、おかゆなど 88 種類の食べ方があるとの見方もあるから、日本人の見立て好きは堂に入っている。

　いやいや米という字は八と木の組み合わせ。よって八木（ハチボク）。江戸時代はコメの異称として使われ、幕府の御触書などにも「農民は八木を避けて雑穀にすべし」との通達も見られる。

　ふっくらとした炊き立ての白米。字の解釈や用例の多彩さに比べて、自由に食べられてきた時代は短い。

昭和36（1961）年10月／十和田市
脱穀作業に追われる農家。この地方でいうところのイネコキ。
千歯こきや足踏み脱穀機の時代を経て、動力脱穀機や自動
脱穀機へと進化。それも今では自脱型コンバインの中に収まる

昭和40（1965）年10月／八戸市
刈り取った稲を乾燥させるためのニオが広がる類家田んぼ。
乾燥法にはハセ掛けや棒掛けなどもあり、地域によって差異
が見られた。中央に見える建物は第三中学校

本紙より

コンバインで収穫

　八戸市でことし初めて実施、成果が期待されていた市内市川町市川の空中水稲じきまきモデルファーム二ヘクタールで、九日午前十時からコンバインによる収穫作業が行われた。同作業には県農試田中場長をはじめ同藤坂試験地角田場長、八戸地区農改田中所長ら関係者のほか、市川地区の農民たち約五百人が見学に参加、さきに上北町栄沼、拓魂農場で活躍したドイツ製バウツ自走コンバインと、国産のスズエ式小型コンバインの刈り取り実演を熱心に見学した。

　収穫作業に当たってはコンバインの脱粒ロスが見学者の関心を引いたが、昨年一四〜一五％のロスを出して不評だったバウツ・コンバインが、ことしは八％前後にとどまり、実用化の明るい展望を持たせたのが注目された。

＊昭和38（1963）年10月10日付

歳末風景

年取り支度 気ぜわしく

昭和 26（1951）年 12 月／八戸市
松や年縄など年取りに必要なものが商われる年の市。この地方では
押し詰まったころの市であることから「ツメマヂ（詰市）」ともいい、
23 日と 28 日に立った

▌赤いガッカ

　「ずらりとにらむ〝赤いガッカ〟」。昭和20年代の本紙を繰っていたら、そんな見出しの囲み記事が目に飛び込んできた。歳末風景のルポだが、「ガッカ」という言葉の響きに懐かしさを覚え、しばし時を忘れてしまった。

　「ガッカ」―元来は幼児語で、魚を意味する八戸地方の方言。「ゴッコ」ともいい、これに「赤い」という形容詞が付くことで新巻き、すなわちサケを意味する。その年越し魚がずらりと並べられた魚屋の店先に集う客。添えられた写真からは一段と気ぜわしさを増す歳末の世相が立ち上ってくる。

　かつては「赤いマンマに赤いガッカ」という言い回しもあった。年越し振る舞いを称していったものだが、年に一度の特別なごちそう。とはいっても「赤いマンマ」は赤飯のことではなく、白いご飯をいうから少しばかりややこしい。

　民俗学の先達、小井川潤次郎に＜正月の支度は「赤いまんまに赤いがっか」で尽きるようだった。赤いまんまはその実は白いまんまであるし、赤いがっかは赤い魚で塩引きだった＞との一文も見られる。が、なぜ白が赤になるのか。その点の説明は見受けられない。

　ともあれ、絶えず冷害と向き合わざるを得なかったこの地方の人々。雑穀地帯なればこそ、ふっくらとした白いご飯がごちそうであったことは容易に想像がつく。それだけに正月を迎える喜びも大きかったのであろう。

昭和35（1960）年12月／八戸市
「買っていがせ」の声も飛び交う陸奥湊駅前のホッキ売り。
歳晩ともなれば市営魚菜小売市場付近は正月用品目当て
の客で一段とにぎわいを増す

昭和33（1958）年12月／八戸市
注文が舞い込み、大忙しの賃餅（ちんもち）屋。賃銭を取って餅を
つくことからその名が付いた商売だが、臼やきねを持たない家庭にとって、
なくてはならぬ存在だった

昭和 30（1955）年 1 月／八戸市
旧正月の風習がまだ色濃く残っていた当時、若水をくむための
桶（おけ）やたらいを買い求める人たちでにぎわう年の市。ソ
リに臼を載せて運ぶ人の姿も見られる

本紙より

にぎわう年の市

　昭和三十四年もきょうでさようなら。一年の締めくくりをこの日で決算するわ
けで、町はとても気ぜわしい動きをみせている。

　八戸市では新正月への生活改善はまだまだだが、それでも開拓地の美保野をは
じめ大館、下長、是川などが新正月実施になり、このため同市六日町や湊橋周辺
の市日はかつてないにぎやかさ。

　しめ飾り、正月用の菊、千両の花々が目にしみるような鮮やかな色を添え、店
頭のサケ、カズの子は相変らず高値だが、年に一回の正月料理だけにどれもこ
れも飛ぶような売れ行き。おかあさんの買い物についてきた子どもらの背中もいっ
ぱいの正月用品だった。

＊昭和 34（1959）年 12 月 31 日付

正月点景

あらたまの年を迎えて

昭和 34（1959）年1月／八戸市
正月2日は商い始め。トラックやオート三輪などに商品を積み上げ、
きれいに飾り立てて街中を行く初荷は、初売りと共に初春の気分を
醸した。三日町にて

昭和35（1960）年1月／八戸市
30年代は映画全盛の時代。正月はとりわけ活況を見せ、
大みそかから元日朝までの深夜興行を楽しむ人も少なくな
かった。長横町にあった文化劇場にて

▌数え年

　新年―人為的に定めた年の始め。きのうのきょうであれば
格別変わる道理もなく、暦が新しくなるというだけのことにすぎな
いが、その一方では淑気に満ちたすがすがしさがどことなく漂っ
てくる気がするからおかしなものだ。

　年末と年始で異なる感慨。江戸後期の俳人・小林一茶
も＜ともかくもあなた任せのとしの暮れ＞と詠んでいながら、正
月を迎えたときの気持ちを＜元日や上々吉の浅黄空＞と歌っ
ているから現金なもの。そこにはやはり普段の生活にはない改
まった気分、一年のスタートという区切りや重みがあるからこそ、
常とは違う感覚がよぎるのであろう。

　正月といえば、かつては数え年で年齢を唱える習慣があり、
暦が改まるごとに皆一つずつ年を重ねた。一茶にはこんな句

もある。＜這（は）へ笑へ二つになるぞ今朝からは＞。前
年生まれた長女が新春を迎えて2歳になったことを喜ぶ愛情
に満ちあふれた一句。平穏無事、元気であれば何よりとの
一面ものぞく。

　満年齢と違って生まれた年を1歳とする数え方であるから、
何月生まれであろうと同じ。このため、大みそかに生まれた子
どもが翌朝には2歳になるという極端なケースも生じるが、日本
人は戦後の一時期までこの方式を受け入れてきた。

　国民全てが一斉に一つ年を加えた、かつての正月。満
年齢での数え方の移行に伴い、正月気分の共有性は薄れ
た。多くの学者はそう指摘する。

昭和 29（1954）年1月／八戸市
消防団恒例の出初め式当日、街中を練り歩く纏（まとい）振り。
江戸・神田の火消し「い組」の流れをくむといわれ、籠目（かごめ）
が特徴の鍛冶町屯所は奴（やっこ）振りを今に伝える

昭和41（1966）年1月／八戸市
初詣客でにぎわう長者山の新羅神社。本紙は「アベックなど
若い世代が目立ってふえ、三万枚用意したおみくじもアッという間
に売り切れ」と伝えている

本紙より

大トラ、小トラ皆無

　正月もきょうで四日目、例年なら八戸市街をところ狭しと横行する大トラ、小トラが今年はほとんど影をひそめ、〝おだやかな正月だ〟と取締り当局の警察をよろこばせている。正月になると酒につきもののけんか、傷害など今まで絶えたためしがないのに、今年の正月はけんか、傷害はもとより、三日現在、泥酔者の保護も皆無というよろこばしい現象を呈している。

　その半面、これを不景気のあらわれと見る人もあり、正月早々悲喜交々（こもごも）の複雑な世相をのぞかせている。

＊昭和27（1952）年1月4日付

成人式

晴れて大人の仲間入り

昭和35（1960）年1月／八戸市
成人式は前年から市民会館で行われるようになったが、この年、
成人を迎えた青年男女は3200人余。一度に収容し切れず、
午前と午後の2回に分けて実施した

昭和26（1951）年1月／八戸市
1300人が集まった初の成人式。祝辞や謝辞など式の内容は今と
さほど変わらぬが、かつての青年男女の方がずっと大人びて見える
のは気のせいか。八戸東宝劇場にて

丁年

　「丁年」と書いて「ていねん」と読む。今ではとんと見掛けなくなった言葉だが、一人前の年齢、すなわち満20歳のことをいう。明治9（1876）年4月に出された「満二十歳をもって丁年と定める」旨の太政官布告がその典拠となっている。

　太政官布告といえば、新生明治国家が内閣制度の成立に先立って打ち出した、さまざまな通達文書。「丁年」はその一つにすぎないが、あえて成人の定義を定めるからには、それなりの理由があったに違いなく、近代化を急ぐ新政府にとって必要不可欠の手続きであったとみることができる。

　そこには「文明開化」や「殖産興業」と共に明治期のスローガンとなった「富国強兵」の影がどうしてもちらつく。統一国家としての威信を保つためにも急務とされた軍制の確立と、そのための選兵基準。徴兵令発布は「丁年」に関する布告の3年前のことだが、丁年＝満20歳＝徴兵検査であることを思えば、補完する意味合いも色濃くにじむ。

　漢和辞典によれば、「丁」とは盛んなるさまを表し、古くは課役の対象となる年齢の者をいったらしい。戦前までは「壮丁」という言葉が飛び交い、軍役に当たる血気盛んな男子のことを意味した。また働き盛りの女性を称して「丁女」ともいう。

　「成人の日」の制定は昭和23（1948）年。「丁年」が死語化するのも無理はない。

昭和40（1965）年1月／八戸市
タクシーやマイカーで会場入りする晴れ着姿の女性たち。「服装は
できるだけ簡素に」との呼び掛けも何のその、高度成長期は一段と
華やかさを増していく。市体育館にて

昭和 31（1956）年 1月／八戸市
八戸小学校を会場に行われた成人式。当日は新成人を対象とした
作文の入選者表彰があり、1位に輝いたのは後に農林水産省の事
務次官となる京谷昭夫氏だった

本紙より

当局の準備手落ち

　八戸市の成人式は十五日、八戸小学校で開かれたが、市では予定していた劇場と違い学校が会場だから出席は例年の半分だろうと推測、記念バッジやブローチを千五百名分しか準備しなかったが、会場に押しかけた成人は約二千で記念品は品切れ。〝なんだ、ミヤゲがないから帰ろう〟と玄関で引返す成人もあった。

　また、はみ出して廊下に出た成人たちは、のど自慢コンクールにでも出ているように野次を飛ばし、この日を祝福するため出席した来賓の眉をひそめさせた。

　しかし、こうした軽薄な一部の成人たちより、満足な会場と接待を怠った市当局の方にむしろ非があったようだ。

＊昭和 31（1956）年 1 月 16 日付

八戸えんぶり

北の大地に目覚め促す

昭和31（1956）年2月／八戸市
豊作予祝の民俗芸能として親しまれてきたえんぶりは、この地方の人々の
心を熱くする。その昔は小正月の行事。54（1979）年に国の重要無
形民俗文化財に指定された

農民芸術

　りんとした2月の空に響き渡る、八戸えんぶりの笛や太鼓のお囃子（はやし）。めでたい口上が春をことほぎ、太夫たちはきらびやかな烏帽子（えぼし）を勇壮かつ典雅にかしげて大地を踏みしめ、払い、そして突く。そうすることで霊力を吹き込み、豊穣（ほうじょう）の神々の目覚めを促す。

　春を待ちわびるそのエネルギーは、どこまでも土の匂いに満ちている。少しばかりの水田を耕し、水を引き、幾世代にもわたって稲を育ててきた人たちの確かな匂いだ。

　けれども、気候風土の厳しさは半端でない。流した汗が報われぬこともしばしばだった。収穫を得るための努力といってもひたすら天を仰ぎ、神仏にすがるしかなかった過去の現

実。えんぶりはその切実な願いが極度に昇華、形となって芸能化したとみられている。それはまた冷害凶作と向き合わざるを得なかった土地柄だけに、実りの秋に寄せる思いが人一倍強かったことを物語ってもいる。

　太夫の所作は多岐にわたるが、えんぶりはあくまでも「摺（す）る」という。演じることだ。ほかに「舞う」といったりもするが、「躍る」とはいわないし、ねぶたのように「跳ねる」ともいわない。えんぶりの名が杁（えぶり）という水田を摺りならす農具に由来しているからでもあろう。

　ともあれ、地域に根差した農民芸術。近年は観光化も進むが、健在であることがうれしい。

昭和 32（1957）年2月／八戸市
根気と技術が求められる烏帽子作り。日本画家として名を知られた
七尾英鳳さん（左）は子どものころから烏帽子作りを手伝い、60
年余の長きにわたってえんぶりを支え続けた。右はおいの忠さん

昭和33（1958）年2月／八戸市
仕事を終えてから「えんぶり宿」と呼ばれる家に集まり、お囃子の
稽古に打ち込む人たち。「えんこえんこ」の祝福芸を演じる子ども
たちも将来を見据えて熱心に聞き入る

昭和27（1952）年2月／八戸市
豊年祭の旗印を先頭に目抜き通りを練り歩くえんぶりの行列。
北国に春間近を告げるその祭りをひと目見ようと、沿道は近郷
近在からの人たちでごった返した

本紙より

終戦・初のえんぶり

　凶作の昭和二十年も明け、情緒に富み古式床しきえんぶり（豊年祭）は快晴に
めぐまれた十七日、昔なつかしい服装と笛や囃子の音によって開始された。十九、
二十の両年、戦争の激しさのため延期せられていたが、終戦となった今日再び復
興され、町々に朗かな仄々（ほのぼの）とした雰囲気を撒き散らしている。

　昨夜来の雪にも拘らず、今年の豊作を祈念してか附近町村から繰り出して来た
老若男女をも加えて十三日町、三日町、八日町の市内銀座通りと長横町の闇市場と、
寺横町、駅通りは非常なる人出である。

＊昭和21（1946）年2月19日付

春の雪

県南に季節変化の〝陣痛〟

昭和32（1957）年3月／八戸市
ベゴコ（ネコヤナギ）を並べて客を待つ門前の花売り。
雪模様となった彼岸の中日の一こまだが、右の2人は
少女で、まだあどけなさを残す。本寿寺前にて

昭和 31（1956）年3月／八戸市
住民総出の雪かき作業。機械除雪の体制が整う以前、いったん
大雪ともなれば交通が途絶えて生活に支障を来した。このため人
海戦術で除排雪に当たった。大久保地区にて

■ じゃらく

　低く垂れ込めた雲。どんよりとした鉛色の空。断続的に降
り積もる雪。同じ青森県でも冬晴れの多い南部地方とは違っ
て、津軽地方はこんな天候に見舞われることが多い。

　けれども、2月の末ごろになると少々事情は異なり、南部地
方でも数十センチの積雪を見ることがある。北西季節風の勢
力が北に後退する一方、春の南風が吹き込んでくることによる
強い風雪。要は季節変化の〝陣痛〟ともいうべきものだが、
時に暴れ狂って多大な被害をもたらすこともあるから油断でき
ない。

　昔の人はうまいことを言う。えんぶりの前後に見られる雪を
称して「えんぶり雪コ」。この地方ならではの言葉だが、気
温が上がると道路はたちまち「えんぶりぬかり」と化す。似た

ようなぬれ雪でも3月に入ると「彼岸じゃらく」。「じゃらく」とは
荒れることの方言だが、春へのステップであることに変わりなく、
その歩は一段と早まる。

　降り積もる雪には、あらゆるものを包み込む優しさと、人々
を沈黙させずにはおかない厳しさの両面がある。地表に舞
い降りる雪は、ひと降りごとに層を重ねて趣を変える。「雪は
天から送られた手紙である」とは、雪博士として知られた中
谷宇吉郎の言葉。その手紙の文句は「結晶の形及び模様
という暗号で書かれている」とも付け加えている。

　周囲はまだ冬の中でも、雪の表情から春の兆しがのぞくこ
ろである。

昭和40（1965）年3月／八戸市
春先の暴風雪。毎年、彼岸のころになるとひと荒れくることが多い。
湿った雪を伴うため、思わぬ被害をもたらすこともある。八戸地方で
はこれを「彼岸じゃらく」と呼ぶ

昭和37（1962）年3月／南郷村（現八戸市）
今でこそクルマに頼っているが、かつては馬ソリが活躍。冬の雪道の
乗り物として、また雪上運搬の最も有効な手段として用いられてきた

本紙より

馬ソリは行く

　三八地方も山間部となるとまだ雪が多く、学校へ通学する子どもたちも難儀している部落もあるが、このため戸数十戸、二十戸の奥地の部落になると買い物などの交通機関は昔ながらの〝馬ソリ〟が盛んに利用されている。

　深い雪に二条の線を描き、ヒヅメで散る雪がまぶしく輝き、馬の吐く息、馬を引く人のほおかむりがいかにも寒そうだ。

　〝シャンシャン〟と鈴を鳴らして雪景のなかを遠のく馬ソリは、小型トラックなどが普及したきょうこのごろの忘れられかけた、みちのくのなつかしい風物詩である。

＊昭和37（1962）年3月1日付

あとがき

　「デーリー東北」は、太平洋戦争が終戦を迎えた昭和20（1945）年の12月15日に産声を上げ、おかげさまで創刊75周年を迎えることができました。これまでに記録してきたものは、ふるさとの歴史、あるいは地域発展の足取りそのものでもあったと思っております。

　創刊当時、私たちの生活は困窮の中にありました。先人たちは、北上山地の北に位置する岩手県北部、秋田県鹿角地方、青森県東部一体を「北奥羽」と名付け、手を携えて発展を目指す運動を始めました。その中核都市が八戸市であり、運動の先頭に立ってきたのがデーリー東北でした。

　デーリー東北は岩手県北、青森県と購読エリアが2県にまたがるという点で、全国の地方紙の中でも特異な存在です。歴史研究家の中に、北奥羽のことを「デーリー東北文化圏」と呼んでくれる人もいます。手前みそになりますが、あながち的外れではないと思います。

　創刊以来、私たちは「豊かさとは何か」ということを最大のテーマに位置付けてきました。戦後復興から高度経済成長へのうねり、バブル崩壊と経済の長期低迷、デジタル革命と人口減少社会の到来、新型コロナウイルス感染症の蔓延…。私たちは今、あの敗戦に匹敵するほどの価値観が揺れ動く時代に生きています。

　「豊かさとは何か」という問い掛けは、今まさに大きなテーマとして再浮上していますが、答えは人それぞれの心の中に葛藤と共にあるのでしょう。ただ、生活が決して裕福ではなかった昭和の頃を振り返るとき、私たちの胸の奥から何かしら温かいものが込み上げてくるのはなぜなのでしょう。「豊かさの原点」がそこにあったからではなかったのか…そのように自らに問い掛けています。

　創刊75周年を迎え、「胸に去来する温かいもの」を記録に残したいと思いました。本書には、デーリー東北が伝えてきた写真の中から選んだ、昭和30年代を中心とした世相風俗を収録しました。貧しさの中で、その瞬間を必死に生きる姿。明日への希望に瞳を輝かせる姿。顔をくしゃくしゃにした笑顔。戦後をたくましく生きた北奥羽の人々の普通の姿がここにあります。

　本書が「真の豊かさ」を探る方々の一助となれば幸いです。

デーリー東北新聞社代表取締役社長
荒瀬 潔

「デーリー東北」創刊号1面

ふるさと写真館

昭和残像 人々と暮らし

本社保存フィルムから

発行日	2020年12月15日　第1刷 2021年 5月31日　第2刷
著　者	林　剛史
発行者	荒瀬　潔
発行所	株式会社デーリー東北新聞社 青森県八戸市城下1-3-12 電話 0178（44）5111
印刷・製本	赤間印刷工業株式会社 青森県八戸市城下1-24-21
デザイン	齋藤　亨（さいとうとーるデザイン事務所）

落丁・乱丁本はお取り替えいたします。
定価は表紙に表示してあります。